KB040154

최고의 서비스 기업은 어떻게 가치를 전달하는가

최고의 서비스 기업은 어떻게 가치를 전달하는가

정도성 지음

갈매나무

Part 1
서비스는 고객 만족이 아니다, 가치 전달이다

Part 2

스토리텔링이 서비스의 미래다

Part 3
최고의 서비스 기업은 어떻게 가치를 전달하는가

프롤로그

가치를 사는 시대,
어떻게 서비스할 것인가

2014년, 이탈리아 북부의 소도시 리미니를 방문했을 때 일이다. 가격만 보고 정한 두오모 호텔은 외관이 몹시 허름했다. 이탈리아에서 흔히 볼 수 있는, 고택을 개조한 B&B Bed and breakfast 같았다. 약간은 실망한 상태에서 호텔 문을 열었다. 문을 여는 순간 '우아' 소리가 저절로 나왔다. 허름한 외관에 비해 내부는 탄성이 나올 정도로 화려하고 매력적이었다. 그 자리에서 정보를 검색해보니, 홈페이지에서는 '엘레강스&시크'라는 말로 호텔을 표현했다. 호텔 인테리어는 이러한 콘셉트를 명확하게 전해주었다.

사진 1 **두오모 호텔의 모습**

한참을 구경하다가 체크인을 하기 위해 직원을 찾았다. 놀랍게도 로비에 직원은 한 명도 보이지 않았다. 10분 이상을 기다린 끝에 직원이 왔는데, 그는 아무렇지 않다는 표정으로 기다려달라고 말했다. 나도 모르게 웃음이 터졌다. 호텔 홈페이지에 있던 '시크'라는 말과 호텔 인테리어 그리고 접객 서비스가 너무나도 잘 어울렸기 때문이다. 친절이라는 관점에서는 벗어난 서비스였으나, 두오모 호텔이 지향하는 콘셉트를 경험할 수 있는 시간이었다.

한국에 돌아온 나는 두오모 호텔처럼 디자인과 서비스에서 명확한 방향성이 느껴지는 곳을 찾으려 했다. 하지만 디자인에서뿐 아니라 서비스에서까지 콘셉트나 방향성이 느껴지는 곳은 찾아보기 힘들었다.

그러던 어느 날, 인천의 네스트 호텔을 발견했다. 두오모 호텔처럼 '디자인 호텔' 인증을 받은 곳이다. 네스트 호텔 홈페이지에서 처음 눈에 띄는 문구는 '당신만의 은신처'이다. 네스트 호텔이 들어선 곳은 본래 갈대밭이었다. 자연적으로 자라난 갈대밭과 바다가 어우러져 장관을 이루었다. 네스트 호텔은 호텔 설립을 위해 갈대밭을 없애기보다 보전하고, 호텔이 이 풍광의 일부가 되길 원했다. 갈대에서 느껴지는 사색과 평온함이 호텔의 정체성으로 자리 잡길 원했다.

덕분에 호텔 근처에 여전히 갈대밭이 남아 있으며, 호텔 디자인은 갈대밭이 주는 평안함과 은신처라는 느낌을 살리는 방향으로 기획되었다. 은신처의 핵심은 휴식이므로, 설계도 객실을 중심으로 이루어졌다. 모든 객실에 햇빛이 풍성하게 들 수 있도록 방마다 창문 방향을 비틀어두었고, 일부 객실의 침대는 바다와 갈대밭을 향해 놓아두었다. 실내는 온기가 느껴지는 나무와 부드러운 패브릭으로 꾸몄다. 주변의 풍광과 디자인은 네스트 호텔이 지향하는 바를 명확하게 보여주었다. 그리고 네스트 호텔의 서비스는 '사색과 평온함'이라는 호텔의 정체성을 경험하게 했다.

호텔 1층에 있는 카페 '쿤스트라운지'에서 직원에게 물을 한 잔 요청했을 때, 직원은 마치 친구를 대하듯 편안하게 이야기했다.

"저…… 고객님. 제가 생각해도 좀 납득이 안 되는데요, 시원한 물은 돈을 내고 구입하셔야 하거든요. 그런데 뜨거운 물은 그냥 드려요. 조금 이해가 안 되시죠? 꼭 시원한 물을 드셔야 하는 게 아니면, 그냥 뜨거운 물을 드세요."

어이없는 일을 당했을 때 친구에게 공감을 구하듯이, 직원은 손까지 가볍게 흔들며 말했다. 억양에 따라 몸도 살짝 흔들렸다. 공감을 바탕으로 편안하게 대화하는 것은 쿤스트라운지 직원의 개인적인 특징이 아니었다. 플라츠 레스토랑의 직원, 객실이나 다른 접점에서 근무하는 직원들의 태도 역시 '친절하다'보다 '편안하다'라는 표현이 어울렸다. '은신처'와 같은 편안함은 호텔 디자인뿐만 아니라, 관계에서도 느낄 수 있었다. 두오모 호텔이나 네스트 호텔처럼 브랜드의 콘셉트와 일치하는 서비스를 제공하는 곳은 흔치 않다. 하지만 단순한 '친절'을 넘어서는 서비스가 흐름을 이루어가는 것만은 분명해 보인다.

▼▼▼

다니엘 핑크는 《새로운 미래가 온다》에서 기업의 공급이 수요를 초과하는 시점, 즉 고객의 선택권이 넓어지는 순간부터 고객들이 이

성보다는 감성에 의해 결정을 한다고 이야기했다. 필립 코틀러는《마켓 3.0》에서 고객을 다음과 같은 존재로 파악했다. 대량 생산 시대인 마켓 1.0에서 이성적인 존재, 마켓 2.0에서는 이성과 감정을 지닌 존재, 가치를 추구하는 마켓 3.0 시대에서는 이성과 감정, 영혼을 지닌 '인간'이라는 것이다. 필립 코틀러는《필립 코틀러의 마켓 4.0》에서도《마켓 3.0》의 인간관을 유지하고 있다.

시장에서의 경쟁이 치열하지 않거나, 고객의 감정보다는 이성적인 면을 강조하는 단계에서는 고객 만족Customer Satisfaction이라는 슬로건으로도 충분했다. 하지만 시장이 성숙하고 경쟁이 치열해지면서, 단순한 친절을 넘어 감성을 자극하는 서비스를 제공할 필요가 생겨났다. 지금은 단순한 고객 만족을 넘어 고객 경험Customer Experience 시대다. 고객 경험은 서비스의 결과뿐만 아니라 과정에도 집중한다. 고객 만족이라는 개념이 서비스에서 절대적인 기준이 되는 시대는 지나가고 있다.

대한민국에는 다양한 산업과 수많은 브랜드가 있다. 생산하는 제품이 다르고, 대상으로 삼는 고객이 다르다. 브랜드가 담고 있는 가치와 방향이 모두 다르다. 브랜드의 기획, R&D, 마케팅, 영업은 브랜드의 가치와 방향에 맞추어 기획된다. 그런데 고객과 직접 대면하는 서비스 단계에 오면 가치는 사라지고 모두 고객 만족을 외친다.

모두가 똑같은 목표를 외치는 만큼 비교하기 쉽고 그런 만큼 경쟁은 치열해진다. 차별화된 서비스가 없어지고, 고객은 서비스를 통해 브랜드를 경험할 수도, 구별할 수도 없다. 모두가 고객 만족을 말하지만, 만족하는 고객은 찾기 힘들어진다. 고객 만족만 강조하는 서비스는 기업에게나 고객에게나 매력적이지 못하다.

제일 힘든 것은 접점의 직원들이다. 고객 접점의 직원들은 고객 만족이라는, 이룰 수도 없고 이유도 모르는 목표를 위해 소모적으로 일한다. 누구에게나 이유가 명확하지 않은 일은 잡무가 되고, 불가능한 목표는 스트레스가 된다. 서비스의 목적이 고객 만족이 되어버리는 순간, 직원들은 교육과 통제, 훈련의 대상이 되는 경우가 많다.

도스토옙스키는 "사람의 영혼을 파괴시키는 가장 쉬운 일은 그 사람에게 의미 없는 일을 시키는 것"이라고 했다. 의미를 알 수 없는 고객 접점의 일들이 '감정 노동'의 상징이 된 것은 당연한 결과일지도 모른다. '감정 노동'이 사회문제가 되면서, 기업들은 '감정 노동자들을 위한 힐링 프로그램'을 도입한다. 그러고는 작년보다 더 높은 '고객 만족도'를 위해 다시 서비스 교육을 진행한다. 그리스 신화에서 시시포스가 영원한 형벌을 받는 것처럼 같은 패턴을 반복하는 것이다.

▼▼▼

나는 '왜 고객을 만족시켜야 하는가?'라는 문제의 답을 찾다가 몇 개의 브랜드를 만났다. 이 브랜드들은 '고객 만족'이 서비스의 목적이 아닌 결과였다. 서비스의 목적은 브랜드의 가치 전달이었고, 고객 만족은 서비스의 결과 중 하나로 존재할 뿐이었다. 이 기업의 직원들에게 서비스는 교육이 아닌 문화였다. 취재를 하면서 내 질문의 방향은 변하기 시작했다. '왜 고객을 만족시켜야 하는가?'라는 질문에서 시작해 '어떻게 서비스를 통해 가치를 전달할까?'라는 질문으로 이어졌다. 이 책은 이런 질문에 답을 찾는 과정에서 얻은 결과물이다.

Part 1에서는 고객 만족 서비스의 한계에 대해 생각해본다. 고객 만족만을 위한 서비스가 기업과 고객, 그리고 직원들에게 어떤 악영향을 미치고 있는지 살펴볼 것이다.

Part 2에서는 고객 만족 서비스의 한계를 극복할 수 있는 스토리텔링 서비스에 대해 알아본다. 스토리텔링 서비스에는 다음과 같은 특징이 있다. 첫째, 서비스의 목적은 고객 만족이 아닌 가치 전달이다. 둘째, 가치에 공감하는 직원이 있고, 직원을 통해 고객이 가치에 공감할 수 있게 한다. 셋째, 서비스를 통해 직원과 고객, 브랜드와 고객이 관계를 만든다. 이 관계는 수직적이지 않고 수평적이어야 한다.

마지막으로 Part 3에서는 서비스를 통해 가치를 전달하려는 기업들의 실제 사례를 담았다. 룰루레몬 코리아, 러쉬 코리아, 삼성의료원, 스타벅스 코리아, 청년장사꾼의 사례를 통해 스토리텔링 서비스 기업들의 특징을 알아볼 것이다.

이 책은 '왜 고객을 만족시켜야 하는가?'라는 질문에 대한 답이며, 한편으로는 '어떻게 서비스를 통해 가치를 전달할까?'라는 질문에 대해 스토리텔링 서비스 기업들이 보여주는 답이기도 하다. 이 답들이 독자들에게 다시 질문으로 다가가길 바란다. 익숙한 게 당연한 건 아니다. 서비스 교육이 곧 친절 교육이 아니고, CS Customer Service가 항상 'Customer Satisfaction'은 아니다.

+ 

+ value + storytelling

Part 1

서비스는 고객 만족이 아니다, 가치 전달이다

서비스 패러다임의 변화는 이미 시작되었다. 기업이 추구하는 가치를 빼놓은 채 오로지 누구에게나 익숙한 친절, 즉 '고객 만족'만을 강조한 서비스는 더 이상 아무도 기억하지 않는다. 조금 거칠어도 가치를 지향하고 색깔이 명확한 서비스를 고객들은 기억하고 언급한다. 표준화된 서비스를 경험한 고객들은 주변 사람들에게 자기 경험을 전파하지 않는다. 고작해야 "거기 친절해"라는 이야기를 할 뿐이다.

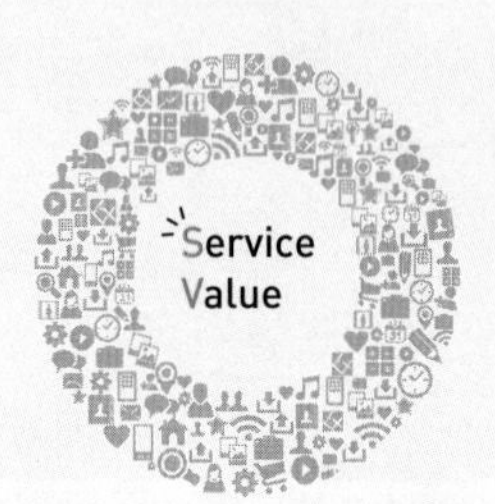
Service
Value

chapter
01

고객이 '만족하는' 서비스 고객이 '좋아하는' 서비스

수많은 기업들이 수많은 고객 만족 대상을 수상했다고 홍보한다. 그런데 우리 소비자들은 그런 기업들의 서비스에서 차별성을 느끼고 있을까? 아니, 고객 만족 대상을 받은 기업들의 서비스에서 '만족'이라는 감정을 느끼고 있을까? 고객 만족이라는 단어는 흔하지만, 만족하는 고객은 찾아보기 쉽지 않다.

왜일까? 첫 번째 이유는 '언어의 차이' 때문이다. 2007년 전 세계의 관심을 모은 아이폰이 출시되기 직전, 흥미로운 설문 조사가 진행되었다. 세계적인 미디어 회사 유니버설 맥켄은 전 세계의 소비자 1만 명에게 "하나의 기기에 원하는 기능을 모두 담은 휴대용 기기를 갖고 싶은가?"라고 물었다. 멕시코에서는 79퍼센트의 소비자가 그런 기기를 원한다고 대답한 반면, 미국에서는 31퍼센트만 그렇다고 답했다. 유니버설 맥켄의 연구원은 영국 가디언지와 한 인터뷰에서 아래와 같이 말했다.

"복합기기는 소비자들의 열망이 아니라 금전적 한계 때문에 생겨난 타협이다. 다양한 디지털 기기를 살 수 있는 시장에서는 대부분의 사람들이 모든 기능을 갖춘 기기보다 개별적인 기기들을 원한다."[01]

스탠포드대학의 교수인 이타마르 시몬슨과 바이럴 마케팅 전문가 엠마뉴엘 로렌은, 시장 조사와 구매 결정이 서로 다르게 이루어지고 있기 때문에 시장 조사 결과가 고객의 구매와 선호도를 알려주는 것은 아니라고 이야기한다. 고객 만족 역시 이와 비슷하다. 서비스를 평가하는 데 사용되는 '고객 만족도'라는 개념과 언어는 우리가 현실에서 서비스를 평가할 때 사용하는 개념과 언어라고 말하기 힘들다.

해가 바뀔 때면 각종 서비스 평가에서 좋은 결과를 얻은 브랜드에 대한 기사나 광고를 쉽게 볼 수 있다. '10년 연속 1위', '17년 연속 고객 만족도 1위'를 자랑하는 브랜드들이 눈에 띈다. 직접 이용한 고객을 대상으로 조사한 결과이기에 공정성을 의심하지는 않는다. 다만, 그 브랜드를 사용해본 우리 스스로에게 물어보자. 그 브랜드에 대해서 정말 만족하고 있나? 만족한다고 대답하는 사람들도 있고, 만족하지 않는다는 사람들도 있을 것이다. 그럼 질문을 바꿔보자. 그 브랜드를 좋아하나? 앞선 질문에서 만족한다고 한 사람들 모두가 좋아한다고 대답할까? 분명 차이가 있을 것이다.

고객 만족이라는 단어는 아주 익숙하다. 서비스 기획이나 서비스 교육, 서비스 만족도 조사에서 흔하게 사용된다. 그런데 우리는 일상에서 제품과 서비스를 평가할 때, '만족한다'라는 표현을 얼마나 자주

---

01 《절대 가치》, 이타마르 시몬슨 & 엠마뉴엘 로렌 지음, 청림출판, p.205

사용할까? 식당을 이용한 후기를 검색해보자. 식당에 대한 평가는 맛이 있는지 없는지가 주를 이룬다. 만족했다고 평가하지 않는다. 분위기 좋은 술집이나 고급 자동차 매장을 다녀온 후기, 혹은 호텔을 이용한 후기를 생각해보자. 만족스럽다는 표현은 흔하게 사용하지 않는다. 이처럼 고객 만족도 조사에서 사용되는 언어와 일상에서 제품과 서비스를 평가할 때 사용하는 언어가 서로 다르다.

제품과 서비스의 기획 의도, 콘셉트를 고객들에게 정확히 전달하기 위해서는 언어가 정확해야 한다. 2009년, 신한증권은 사명을 신한금융투자로 변경했다. 국내 증권사 중에서는 처음으로 사명에서 '증권'을 뗀 것이다. 그런데 사명을 변경한 후 인지율이 2퍼센트까지 떨어졌다. 《끌리는 컨셉의 법칙》의 저자 김근배 교수는 이상 언어와 일상 언어의 차이로 이 현상을 설명했다.[02] 이상 언어는 사물을 있는 그대로 그림 그리듯 그려내는 역할을 하는데, 주로 과학이나 공학에서 사용된다. 현상을 있는 그대로 언어화하고 객관적으로 설명하다 보니, 현실에서 자주 사용하지 않거나 해당 산업과 학문 종사자들만 주로 사용하는 언어인 경우가 있다. 반면 일상 언어를 사용하면 마음속 이미지를 바로 떠올릴 수 있다. 현실의 언어이며 고객의 언어다.

서비스 제공자들이 사용하는 '고객 만족'은 이상 언어일 뿐, 일상 언어는 아니다. 고객들은 일상에서 서비스와 제품을 평가할 때 만족과 불만족을 기준으로 이야기하지 않는다. 오로지 기업의 서비스 담당 부서 관리자, 교육 담당 강사들만 만족과 불만족을 강조하고, 접점

---

02 《끌리는 컨셉의 법칙》, 김근배 지음, 중앙북스, p.269

직원들에게는 '고객 만족'이라는 가치만을 강조하는 경우가 많다.

고객들은 기업과 브랜드를 직원을 통해서 느낀다.[03] 코넬대학 호텔연구센터 연구에 의하면, 250실의 객실 규모를 가진 호텔 사업장에서는 직원과 손님 사이에 매일 5,000번가량 상호 작용이 발생한다. 만약 이런 규모 호텔에서 고객 만족만을 강조하고 있다면, 그 호텔 직원들은 하루에 5,000번가량, 고객의 용어가 아닌 회사의 용어로 가치를 전달하고 있는 셈이다. 이러한 언어의 차이가 고객 만족을 그저 흔한 슬로건으로 전락시키고 만족하는 고객은 찾기 힘들게 만들고 있다.

두 번째 이유는, 현재 서비스 교육의 구조가 '고객 불만'을 줄이는 데 특화되어 있기 때문이다. 기업이 서비스 교육을 의뢰하거나 강화하는 경우는, 대부분 고객 불만이 발생했을 때이다. 이때 목적은 크게 두 가지다. 고객 불만 발생 시 대응력을 높이거나, 혹은 불만이 발생하지 않도록 미리 친절함을 강조하는 것이다. 교육의 기본 내용 역시 CS 마인드, 고객 응대 기본인사, 표정 등, 유형별 또는 상황별 응대, 불만 고객 응대, MOT Moment of Truth 등으로 이루어진다.

CS 교육은 암묵적으로 '불만 고객'을 줄이는 방향으로 기획되고 성장해왔다. 이러한 교육 구조에서 '서비스 실패는 고객 불만', '서비스 성공은 고객 만족'이라는, 반대말 알아맞히기 수준의 개념이 고착되었다. 상식적으로 생각해보자. 최악의 서비스에 고객이 불만을 터뜨리는 것은 당연한 일이다. 그런데 과연 최상의 서비스는 만족을 주는 것인가? 최상의 서비스는 좋아하게 만드는 게 아닐까? '만족'이라

03 《고객에게 특별한 경험을 선물하라》, 마이카 솔로몬 지음, 두드림, p.104

는 대답을 했더라도 그저 불만이 없을 뿐 좋아하지 않을 수도 있다. 서비스를 통해 기업과 브랜드의 매력을 느끼게 하고 좋아하게 만들어야만 비로소 최상의 서비스라고 할 수 있다.

고객과 기업의 만남을 사람과 사람 사이의 만남이라고 상상해보자. 처음 만난 두 사람 사이에 딱히 불만을 느낄 일은 없다. 그렇다고 해서 상대에게 매력을 느끼는 것도 아니다. 다시 만나고 싶게 하려면 나만의 매력을 적극 알려야 한다. 현재의 서비스 교육은 불만을 막기 위한 소극적인 교육이다. 불만 없는 서비스는 만들 수 있지만, 기억에 남는 서비스는 만들 수 없다. 괜찮은 서비스는 만들 수 있어도 탁월한 서비스는 만들 수 없는 것이다.

괜찮은 서비스를 넘어 탁월한 서비스로

고객 만족에 기반한 교육과 서비스는 불만족을 없애는 데 탁월한 효과를 발휘하지만, 매우 만족하고 좋아하게 만드는 데는 한계가 있다. NCSI 국가고객만족도 나 KS-SQI 한국서비스품질지수 에서 발표한 만족도 조사를 살펴보면, 서비스의 전반적인 수준은 분명 향상되고 있다. 그렇지만 그 브랜드들을 일반 고객들이 정말 좋아하거나 팬이 되지는 않는다. 물론 고객 만족만으로도 괜찮은 서비스를 만들 수 있다. 하지만 변별력을 갖는 탁월한 서비스를 만들기에는 한계가 있다.

만족하는 고객이 드문 세 번째 이유는 서비스가 익숙하기 때문이다.

많은 기업들이 고객 만족이라는 단일한 개념하에 서비스를 기획하고 교육한다. 단일한 평가 기준을 놓고 서로 경쟁하다 보면 자연히 차별화와 세분화를 시도하게 되는데, 이것이 쉽지 않다. 특히 대상 고객이 똑같은 경우에는 고객의 특성과 욕구를 비슷하게 파악할 수 있고, 경쟁이 심해질수록 경쟁사의 서비스를 좀 더 빠르게 벤치마킹하기 때문에 서비스는 비슷해지게 마련이다. 이렇듯 서비스와 제품에서 차이를 만들어내기란 쉽지 않은 일이며, 혹 만들어냈다고 할지라도 고객이 그 차이를 알 수 있을지는 미지수이다.

일반적으로 많은 사람들은 콜라에 대한 선호가 명확하다. 대부분이 펩시 콜라 혹은 코카 콜라 중에서 선택을 하는데, 자신이 두 콜라 맛을 구분한다고 생각한다. 그런데 펩시 콜라와 코카 콜라를 블라인드 테스트할 경우에는 그 차이를 거의 알아맞히지 못한다고 한다. 우리는 맛을 보고 콜라를 선택한다고 이야기하지만, 실제로는 브랜드에 포함된 스토리를 보고 선택하는 것이다. 아무리 접점을 세분화하고 서비스를 모니터링한들, 그것만으로는 결코 차별화된 서비스를 이룰 수 없다.

기업들은 많은 돈을 들여 서비스 컨설팅을 받고 외부 CS 강사들을 초빙해 CS 교육을 한다. 하지만 접점마다 표준화된 서비스 기술을 익힌다면 다른 업체들과 매우 흡사한 서비스를 구축할 수 있을 뿐이다. 어디서나 쉽게 경험할 수 있는 서비스 말이다. 결국 고객에게 기억되는 차별화된 서비스를 제공하기란 어려울 수 있다.

> "기업들은 자신들이 제공하는 가치와 소비자의 만족도에 대해 수직적인 차원으로만 생각을 하는 경향이 있다. 다시 말해, 그들이 출시한 제품 수준이 소비자의 기대보다 높으면 성공한 것이고 낮으면 실패한 것이라고 결론을 내린다. 하지만 여기에는 한 가지 빠진 것이 있다. 그것은 수직축 외에 수평축도 있다는 사실이다."[04]

문영미 교수가 저서 《디퍼런트》에서 지적한 것처럼, 수직축을 깊이 있게 만들기 위해 '감성 서비스', '오감 서비스', '고객 경험' 같은 개념들이 등장했고, 이를 실현하기 위해 기업들은 치열하게 노력한다. 하지만 노력에 따라 우열을 가릴만한 차이는 발생할지 몰라도, 뚜렷하게 구별이 되는 차이를 만들기는 점점 힘들어진다. 방향이 같으면 결국 비슷해질 뿐이다. 고객 만족이라는 수직축만으로 서비스를 개선하려는 노력은 효율성이 떨어지는 것이다.

04 《디퍼런트》, 문영미 지음, 살림Biz, p.126

chapter 02

고객이 왕이면 직원은 무엇일까?

프레임은 세상에 대한 인지 방식을 결정하는 정신적인 구조물이다. 언어인지학자 조지 레이코프에 따르면, 사람들은 합리적이고 이성적인 존재가 아니라 프레임에 따라 판단하는 존재이다. 즉, 현실을 있는 그대로 받아들이지 못하고 프레임에 갇혀 변형된 현실을 보게 된다. 우리는 자기 프레임에 부합되는 사실은 쉽게 받아들이지만, 그렇지 않은 것은 진실이라 할지라도 받아들이지 못한다.

그렇다면 이 프레임을 형성하는 데 가장 큰 영향을 미치는 것은 무엇일까? 조지 레이코프는 프레임이 언어를 통해서 무의식적으로 형성된다고 생각한다. 그의 저서 《코끼리는 생각하지 마》에는 언어가 만들어내는 대표적인 프레임의 사례로 '세금 구제tax relief'가 등장한다. 구제라는 단어가 형성하는 프레임을 살펴보면 이렇다. 구제라는 말 뒤에는 고통이 있고, 고통받는 자가 있다. 필연적으로 그 고통을 없애려는 구제자, 즉 영웅이 등장하게 되며,[05] 만약 누군가가 그 영웅을 방해하려 한다면 그 사람은 구제를 방해하는 악당 취급을 받는다. 다시 말해 구제라는 단어로 세금을 없애려는 공화당은 영웅이 되고, 반대하는 민주당은 악당이 되어버리는 것이다. 이때 정책에 대한 합리적 판단은 존재하지 않는다. 이런 프레임에서 벗어나기 위해서는 그들의 언어를 말하는 것은 물론이고 생각해서도 안 된다고 한다. 그래서 그의 저서 제목이 '코끼리공화당의 상징는 생각하지 마'이다.

직원을 소외시키는 위험

미국의 정치에만 코끼리가 있는 것은 아니다. 서비스 현장에도 강력한 코끼리가 한 마리 살고 있다. 바로 '고객 만족'이다. 수많은 회사들이 고객을 최우선으로 생각하며 고객의 만족을 중요한 가치로 삼는다. 접점에서는 이것이 가장 중요한 가치가 된다. '고객 만족'이라는 가치 자체는 나쁜 것이 아니다. 문제는 '고객 만족'이라는 언어가 끌고 오는 프레임이다.

현재 대한민국의 고객 접점에서 '고객 만족'은 '고객은 왕'이라는 프레임을 형성하고 있다. 고객이 왕이면 직원들은 누구일까? 왕 앞에서 있는 사람은 정말 다양할 것이다. 왕의 가족들일 수도 있고, 왕을 돕는 스승일 수도 있으며, 왕을 위해 봉사하는 신하일 수도 있다. 그들의 지위는 왕이 어떤 사람인가에 따라 달라진다. 그런데 폭군으로

05 《코끼리는 생각하지 마》, 조지 레이코프 지음, 와이즈베리, p.24

군림하려는 왕들이 꾸준하게 등장하고 있다. 인터넷에서 '고객은 왕'을 키워드로 검색해보면, 다양한 고객들의 '갑질'이 등장한다. 심지어는 이 프레임을 이용한 협박과 사기 사건까지 발생한다.

> 지난 2일 서울의 한 지구대는 유명 백화점 매장에서 사지도 않은 제품의 환불을 요구해 돈을 뜯어낸 손모(32) 씨를 붙잡았다. 손 씨는 지난해부터 전국 백화점을 돌며 사지도 않은 물건의 환불을 요구하는 수법으로 돈을 뜯어냈다. 매장 직원이 영수증을 보여달라고 하면 '고객은 왕'이라고 주장하며 1시간 넘게 난동을 피워 결국 직원들이 손 씨에게 두 손 두 발을 들 수밖에 없도록 했다. 손 씨는 또 임신하지 않았는데도 '임신 8주'라고 거짓말을 하기도 했다.
>
> 매장 직원들이 손 씨에게 속수무책으로 당할 수밖에 없던 이유는 이들이 '고객 친절' 이미지를 책임져야 하기 때문이다. 실제로 손 씨가 뜯어낸 돈은 브랜드나 백화점의 공금이 아니라 백화점 매장 직원들의 사비였다. 경찰은 전국적으로 피해를 입은 백화점 매장이 더 있을 것으로 보고 확대 수사를 진행하고 있다.
>
> – 〈중앙일보〉, 2012년 3월 12일

이 사건의 피해 직원들은 고객이 영수증을 제시하지도 않고, 심지어 사지도 않은 물건을 샀다고 하면서 환불을 요청했음에도 변상한다. 이성적으로 판단하면 말도 안 되는 일이다. 하지만 '고객은 왕이다'라는 프레임에 따라 판단을 하게 되면 해줄 수 있는 일이다. 결국

이 사기꾼은 '고객은 왕'이라는 프레임을 이용해서 전국에서 1,000만 원의 돈을 갈취한 것이다. 최근에 대전의 한 백화점에서 직원의 뺨을 때린 고객, 주차요원을 무릎 꿇린 고객 등은 모두 '고객은 왕'이라는 프레임에 따라 행동한 셈이다. '고객 만족' 프레임은 고객 접점에서 오직 '고객'만을 남기고 '직원'들은 소외시키기도 한다.

세상에는 정말 다양한 사람이 있다. 모든 사람이 상식적이거나 합리적이지도 않고, 도덕적이거나 매너가 좋은 것도 아니다. 무례한 사람도 있고 비상식적이거나 앞뒤가 꽉 막힌 사람도 많다. 착한 사람이 있으면 나쁜 사람도 있다. 고객이기 전에 그냥 나쁜 사람도 있다. 나쁜 사람이, 비상식적인 사람이 고객 만족이라는 프레임 속에서 폭군으로 군림하는 것은 막아야 한다. 모든 고객이 옳다는 말은 틀렸다. 모든 고객이 옳은 게 아니라, 옳은 고객이 옳을 뿐이다.

chapter
03

서비스의 수준은 더 나아지기 힘들다

하버드대학 심리학과 교수 대니얼 길버트는 로또가 사람들에게 얼마만큼의 행복을 주는지 연구했다. 그에 따르면 로또가 주는 행복은 평균적으로 3개월이 지나면 사라진다고 한다. 노스웨스턴대학의 사회심리학자 필립 브릭먼 역시 비슷한 연구를 진행했다. 복권 당첨자들의 행복지수를 조사한 결과, 복권 당첨 직후에는 크게 올라가지만 이후에는 급속도로 떨어지면서 평소와 비슷한 수준을 보인다고 한다. 복권에 당첨되면 경제 수준이 올라갈 테지만, 어지간히 흥청망청 쓰지 않는 한 초반에 모든 돈을 다 사용하기 힘들 것이다. 그런데 복권으로 받은 돈이 다 없어지기도 전에 행복감이 사라지는 이유는 무엇일까?

가장 주된 이유는 경제적 수준이 올라감에 따라 행복에 대한 기준도 올라가기 때문이다. 대학 시절 맛있게 먹던 학생식당의 밥이 취업을 한 이후에는 맛없게 느껴지는 것과 비슷하다. 필립 브릭먼은 과거에 느낀 기쁨과 행복을 오늘은 당연한 것으로 받아들이는 현상을 두고 '행복의 쳇바퀴 hedonic treadmill '라고 명명했다.

행복의 쳇바퀴는 로또 당첨처럼 극적인 상황에서만 나타나는 현상이 아니다. 대니얼 카너먼과 재키 스넬은 한 무리의 사람들에게 8일 동안 연속해서 아이스크림을 제공해주었다. 취향을 무시하고 무작위로 나눠준 것이 아니다. 그들이 가장 좋아하는 아이스크림이었다. 매일같이 가장 좋아하는 아이스크림을 먹게 되어서 행복할 것 같지만 실상은 그렇지 않았다. 자신이 선택했음에도 아이스크림에 대한 선호도는 꾸준히 감소했다.

고객 만족을 위한 서비스에도 행복의 쳇바퀴는 존재한다. 특별한 서비스일지라도 익숙해지고 나면 만족도와 행복감이 줄어들 수밖에 없다. 《디퍼런트》의 저자 문영미 교수도 이와 비슷한 지적을 한다. 미국 드라마의 수준은 과거에 비해 크게 높아졌지만 시청자들의 만족도는 크게 오르지 않았다는 것이다. 문영미 교수는 행복의 쳇바퀴에 빠지는 일련의 순서를 7단계로 설명하고 있다.

1. 기업이 신제품 출시를 통해 소비자들에게 새로운 가치를 제안한다.
2. 소비자들은 새로운 만족감을 얻는다.
3. 경쟁 기업들이 그 기업의 제품을 모방한다.
4. 카테고리 전반적으로 제품 확장이 나타난다.
5. 소비자들의 기대 수준이 높아진다. 이로 인해 신제품에 대한 만

족감은 줄어든다.

6. 제품 확장이 경쟁의 필수 조건이 되면서 기업들은 더 많은 자금을 투자한다.
7. 다시 1번으로 돌아간다.

경쟁 기업은 금방 벤치마킹한다

서비스에서도 쳇바퀴에 빠지는 사례는 쉽게 찾아볼 수 있다. 미국의 웨스틴 호텔은 '헤븐리 베드Heavenly Bed' 객실 서비스를 선보였다. 호텔이 기본적으로 '숙박' 업소라는 점을 고려하여 최상의 '숙면' 경험을 제공하기 위해 기획한 서비스였다. 웨스틴 호텔은 1년이 넘는 시간과 3,000만 달러를 들여 매트리스, 베개, 이불 등 숙면을 위한 모든 환경을 최고 수준으로 끌어올렸다. 고객들의 반응은 뜨거웠다. 그러자 모든 경쟁 호텔들이 곧바로 벤치마킹을 시작했다. 힐튼은 '세러니티 베드Serenity Bed', 메리어트는 '리바이브 컬렉션Revive Collection', 하얏트 호텔은 '그랜드 베드Grand Bed', 크라운 플라자는 '슬립 어드밴티지Sleep Advantage' 서비스를 시작했다. 우리나라의 서비스 경쟁도 이와 비슷하다. 선도 기업이 서비스를 런칭하면 경쟁 기업이 금방 벤치마킹한다.

고객 만족을 기준으로 서비스 경쟁을 벌이는 것은 제논의 역설로 유명한 아킬레우스와 거북이의 경주 같다. 거북이보다 10배 빠른 아킬레우스가 거북이와 달리기 시합을 한다. 그는 거북이보다 100미터 뒤에서 출발한다. 아킬레우스가 100미터 앞선 거북의 출발점에 도착하면 거북이는 그 거리의 10분의 1, 즉 10미터를 이미 나아간다. 그 10미터를 쫓아가면 거북이는 또 1미터를, 아킬레우스가 1미터를 갈 때는 여전히 0.1미터를 앞서게 된다는 이야기이다. 고객 만족도 이와 같다. 기업과 고객 접점 담당자들의 노력에도 불구하고, 고객의 요구 역시 끊임없이 변화하기 때문에 100퍼센트 만족을 이루기는 쉽지 않을 것이다.

고객 만족도가 일정 수준에 이른 뒤에는, 아무리 더 나은 서비스를 제공한다 해도 만족도를 올리기 힘들다. 이때부터는 단순한 서비스 차원 문제가 아니다. 아마도 비용을 비롯하여 기업이 가진 모든 역량을 기울여야 할 것이다.

아래 KS-SQI 콜센터 부문을 살펴보자. KS-SQI는 서비스 접점 대면, 비대면 채널의 품질 수준을 평가한 것이다. 콜센터의 품질 평가는 크게 상담 전, 상담 후, 종료 태도로 나뉜다.

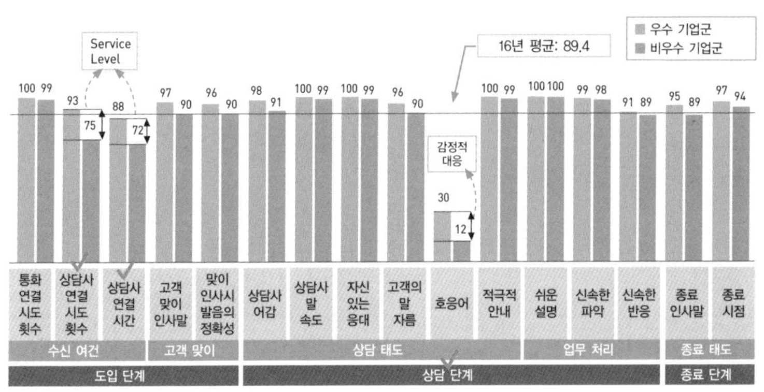

그림 1 KS-SQI 콜센터 부문 우수 기업군과 비우수 기업군 비교

90점을 기준으로 서비스 우수 기업군과 비우수 기업군을 비교해 보면, 가장 크게 차이가 나는 부분은 '상담사 연결 시도 횟수'와 '상담사 연결 시간'이다. 유일하게 이 영역이 20점 이상 차이가 났다. 수신 여건의 차이가 서비스 만족도 차이에 가장 많은 영향을 미친 것이다. 이 부분은 연구를 진행한 KMAC한국능률협회컨설팅의 보고서대로 '인력 및 설비 투자'가 필요한 부분이다. 즉, 단순한 서비스 역량 강화로는 해결할 수 없는 전사적 지원 문제인 것이다.

이제 고객 만족을 위한 노력의 효율성에 대해 생각해보자. 고객 만족도 달성을 위해, 기업이 한정된 역량을 고객 서비스에만 모두 쏟아붓는 것은 합리적이라 보기 어렵다. 고객 입장에서 볼 때 최고의 서비스는 '전화를 안 하게 만드는 것'이다. 조직의 인적, 물적 자원이 한정되어 있는 상황이라면 더욱 그렇다. 수신 여건을 개선하기보다는 전화를 할 필요가 없도록 제품과 서비스를 개선하는 것이 더 효율적이다.

chapter
04

마켓 4.0 시대,
서비스에 대한 '이야기'를 만들어라

기업들이 고객 만족도에 신경을 쓰는 이유는 고객들에게 다시 선택받기 위해서다. 그런데 실제로 '고객 만족도'가 제품과 서비스에 대한 고객의 인식과 선택에 어떤 영향을 미칠까? 언론에서 서비스 평가와 관련된 기사는 흔히 접할 수 있다. '19년 연속 ○○ 서비스 대상 수상', '한국인이 좋아하는 ○○○ 선정', '우수 서비스 기업 선정' 등등 수상 소식을 가장한 광고도 넘쳐난다. 수상을 하게 되면 해당 기업의 본사에는 대형 현수막이 붙곤 한다. 그렇지만 이런 보도나 광고들이 '고객'들에게는 별 영향이 없을 수도 있다.

필립 코틀러는《필립 코틀러의 마켓 4.0》에서 고객들이 구매 결정을 내릴 때에는 크게 세 가지 요소에 영향을 받는다고 했다. 첫째는 TV 광고, 인쇄 광고, 홍보와 같이 미디어를 통한 정보이다. 각종 서비스 평가 결과를 보도하는 뉴스와 광고, 기업의 홍보물 등은 여기에

속할 것이다. 두 번째는 주변의 의견이다. 즉, 제품을 사용한 친구나 가족의 이야기에 크게 영향을 받는 것이다. 세 번째는 개인적 지식, 과거의 경험을 토대로 브랜드에 대해 가지고 있는 태도다. 이 중에서 소비자가 가장 크게 영향을 받는 것은 무엇일까?

> "오늘날의 고객은 다른 사람들의 의견에 아주 많이 의존하게 됐다. 심지어 개인적 기호나 마케팅 커뮤니케이션보다 남들이 한 말을 더 비중 있게 고려한다. 이렇게 된 이유는, 다름 아닌 연결성 때문이다. 긍정적인 측면에서 연결성은 보호받는다는 강한 느낌과 자신감을 안겨준다. 고객은 친구나 가족 모임이 나쁜 브랜드나 기업으로부터 자신을 보호해준다고 생각한다."[06]

타인의 의견이 내가 겪은 경험보다 더 큰 영향을 미칠 수 있는 것은 이용할 수 있는 정보가 많아졌기 때문이다. 정확한 정보를 얻기 힘들 때는 경험에 의존하는 선택이 의미가 있다. 하지만 정보를 쉽게 얻을 수 있는 상황에서는 굳이 그럴 필요가 없어진다.[07]

고객이 가장 신뢰하는 정보는 무엇인가

일상에서 생각해보자. 우리가 식당을 선택할 때는

06 《필립 코틀러의 마켓 4.0》, 필립 코틀러 외 2인 지음, 더퀘스트, p.58
07 《절대 가치》, 이타마르 시몬슨 & 엠마뉴엘 로젠 지음, 청림출판, p.126

직접 먹어본 사람들이 그들의 블로그에 올린 평가를 참고한다. 혹은 맛집 어플을 통해서 별점을 보고, 후기를 읽어본 후 결정한다. 프랜차이즈에서 배달을 시킬 때도 비슷하다. 얼마전 나는 연남동에 있는 A 치킨 전문점에서 '후라이드 치킨'을 먹었는데 너무 맛이 없었다. 예전 같았으면 그 뒤로 다시는 A치킨을 찾지 않았을 것이다. 그런데 배달 어플에 있는 평가를 읽어보니 '간장 치킨'은 연남동 A치킨 전문점만 한 곳이 없다고 한다. 이런 경우에는 다시 연남동 A치킨을 이용할 수도 있다.

맛이 중요한 평가 기준이 되는 요식업뿐만 아니라, 접객 서비스가 중요한 산업에서도 비슷한 일이 벌어진다. 처음 '미용실'을 이용할 때 가장 중요하게 여기는 것은 무엇일까? 프랜차이즈 미용실 같은 경우에는 신문 기사를 검색하면 서비스 평가에 대한 내용을 쉽게 접할 수 있다. 하지만 대부분은 그보다는 블로그 후기, 카카오 헤어와 같이 평점과 후기를 동시에 볼 수 있는 어플, 인터넷 커뮤니티 후기 등을 참고한다.

고객 만족도 조사가 오히려 고객의 선택에 영향을 미치지 못하고 '홍보' 효과가 크지 않다는 것은 내가 서비스 교육을 진행하면서도 체감할 수 있다. 병원 서비스 교육을 다닐 때 내가 항상 하는 질문이 있다. '국가고객만족도 대상'에 대해 소개한 후에, 병원 분야에서 대상을 받고 있는 병원은 어느 곳인지 물어본다. 간혹 애사심의 표현으로 자기 병원 이름을 외치기도 하지만, 대개는 '삼성서울병원' 혹은 '삼성의료원'이라고 대답한다. 2012년부터 다른 대학병원이 받고 있는데도 그 사실을 아는 사람은 많지 않다. 결과가 병원 홈페이지나

평가 기관에만 올라오는 것은 아니다. 많은 언론에서 소식을 다룬다.

의료 서비스 종사자들은 직장이 아닌 직'업'을 선택하다 보니, 업계 소식, 다른 병원 서비스 사례 등에 대해 관심이 많은 편이다. 그럼에도 불구하고 서비스 평가 결과를 아는 직원이 거의 없는 것이다.

각종 브랜드 관련 평가, 고객 만족도 관련 평가에서 우수한 성적을 거두고 그 사실을 적극적으로 홍보한다고 해도, 고객들은 생각보다 인지하지 못한다. 혹은 알고 있지만 신뢰하지 않을 수도 있다. 시장 조사 회사인 닐슨이 2015년 60개국 소비자들을 대상으로 한 조사에서는 응답자의 83퍼센트가 '신뢰할 만한 광고원'으로 친구나 가족을 꼽았다. 온라인에 올라온 다른 이들의 의견을 꼽은 비율도 66퍼센트나 됐다.[08]

말하자면 고객들은 내가 경험하거나 주변 사람들이 경험한 이야기에는 관심이 있지만, 기관에 의해 평가받은 결과나 공식적인 발표는 크게 신뢰하지 않는 것이다. 계량화된 고객 만족도 평가가 서비스 품질 유지에는 도움이 될 수 있으나, 홍보 효과나 고객의 선택에 미치는 영향은 기대한 만큼 크지 않다. 이런 상황에서는 외부 기관의 평가나 공식적인 자료보다는 고객들의 의견과 우리 직원들의 이야기가 훨씬 더 중요해진다.

2017년 2월, 삼성그룹의 사내 웹진 〈미디어 삼성〉에는 '기업 커뮤니케이션의 진화-내부 고객과 외부 고객의 구분은 의미 없다'라는 기사가 올라왔다. 글로벌 PR회사 에델만의 '에델만 신뢰도 지표 조사'를 바탕으로 작성된 기사였다. 에델만의 조사에 따르면 소비자는

08 《필립 코틀러의 마켓 4.0》, 필립 코틀러 외 2인 지음, 더퀘스트, p.125

기관보다는 개인, 기업 보도 자료보다는 유출된 자료를 더 신뢰하는 것으로 나타났다.

사람들은 기업 보도보다는 '나와 비슷한 사람'들로부터 나온 정보를 더 신뢰한다. 나와 비슷하면서도 '유출된 정보'를 줄 수 있는 사람은 기업의 직원들이다. 〈미디어 삼성〉이 신년 특집 기사 '기업이 미디어다'에서 소개한 글로벌 기업 커뮤니케이션 전문가들의 인터뷰도 이와 같은 맥락이다.

> "12만 명의 내부 직원들도 마이크로소프트라는 기업의 팬이 될 수 있는 커뮤니케이션을 해야 합니다. 우리 직원 한 명이 주변의 친구들에게 한 번씩만 더 회사 이야기를 한다고 생각해본다면 이들이 얼마나 중요한지 알 수 있습니다. 우리 회사에 대해 이해하고 공감하는 사람들의 규모가 놀랍도록 커지는 것이죠. 기존대로 보도 자료만 내민다면 돌파구를 찾기 어렵습니다."
>
> – 벤 탬블린, 마이크로소프트 커뮤니케이션 디렉터

> "이제 기업들은 임직원을 통하는 커뮤니케이션을 해야 합니다. 고객들은 내 주변에 실제로 존재하는 사람들이 해주는 이야기를 듣고 싶어 합니다. 기술과 제품과 서비스가 얼마나 내 삶에 영향을 미칠지, 내가 아는 내 주변 사람들을 통해서 듣고 싶은 것이죠. 임직원들이 스스로 전하는 우리 회사 이야기, 해석, 관점은 그래서 매우 중요한 기회라고 할 수 있습니다."
>
> – 마이클 브래너, 마케터 인사이트 CEO

고객이 나와 다르지 않다고 느끼는 친구, 동료, 그리고 같은 회사 직원들로부터 나오는 이야기들은 외부 기관의 평가, 공식적인 성명, 광고보다 훨씬 더 큰 영향력을 미칠 수 있다. 와튼스쿨의 마케팅학 교수인 조나 버거는 그의 저서 《컨테이저스 전략적 입소문》에서 사람들은 다른 사람들의 '이야기'는 거부감 없이 받아들인다고 말한다. 가령 기업의 고객 서비스 담당자가 기대 이상의 서비스를 제공한다고 했을 때, 고객들은 믿지 않는다. 기업 관계자는 매출을 확대하려할 것이기 때문이다. 하지만 누군가가 자신의 체험을 이야기하면 의심하지 않는다. 조나 버거는 그 이유를 다음과 같이 말했다.

첫째, 어느 특정한 사람이 구체적인 경험을 제시하면 의혹을 제기하기가 힘들다. 둘째, 흥미진진한 이야기는 이의를 제기할 만한 구체적인 근거를 찾을 여지를 주지 않는다. 이야기에 한번 몰입하면 그 이야기의 진위 여부를 따져봐야겠다는 생각이 들지 않는다. 이야기가 끝날 무렵이면 모두 그 내용이 사실일 거라 믿게 된다.[09]

요컨대 서비스에 대한 공식적인 평가보다는 서비스에 대한 '이야기'들이 고객에게 큰 영향을 미칠 수 있다. 게다가 평가는 불특정한 다수에게 전달되지만, 이야기는 필요한 사람에게 전달되는 특징이 있다. 조나 버거에 따르면 '입소문은 누가 시키지 않아도 관심이 있는 고객에게 전해진다.'[10] 사람들은 새로 알게 된 이야기나 정보를 아무에게나 전달하지 않는다. 맥락을 고려하여 관심이 있을 만한 사람들에게 알려준다. 이제 서비스 기업의 고민은 어떻게 평가 기관에게

09 《컨테이저스 전략적 입소문》, 조나 버거, 문학동네, p.303
10 같은 책, p.25

좋은 평가를 받을 것이냐가 아니라, 어떻게 하면 좋은 이야기를 만들 것이냐가 되어야 한다.

이야기를 만드는 고객 경험 서비스의 특징

이야기를 만드는 고객 경험 서비스는 아래와 같은 기본적인 특징들이 있다.

첫 번째는 고객을 세분화하는 것이다. 고객을 대중으로 파악하는 게 아니라 유형별로 혹은 좀 더 개별적인 존재로 파악한다. 막연한 고객이 아니라 우리 병원, 우리 매장에 많이 오는 고객들의 관점에서 경험을 제공하기 위해 노력한다. 고객 경험을 디자인하기 위해 흔히 쓰는 고객 여정 지도를 그릴 때에는 단순히 고객이라고 설정하지 않는다. 구체적인 성격을 설정하고 서비스를 고민한다.

두 번째는 접점에서의 경험을 강조하는 것이다. '체험'과 '경험'은 의미가 다소 다르다. 사전적으로는 '몸소 겪음'이라는 동일한 뜻을 가지고 있다. 하지만 경험에는 '객관적 대상에 대한 지각이나 지각 작용에 의하여 깨닫게 되는 내용'이라는 철학적 의미가 추가되어 있다. 고객 체험이 아닌 고객 경험이 되기 위해서는 접점 서비스에 의미가 있어야 한다.

고객 경험에서는 단순히 서비스 결과의 만족과 불만족뿐만 아니라, 서비스 과정 속에서 고객이 무엇을 보고 느끼는지가 중요하다. 이를 위해 많은 기업들이 접점을 세밀하게 나눌 수밖에 없다. 경험의 시작점과 종료점, 경험의 고점과 저점, 경험의 순서뿐만 아니라 고객의 유형까지 다양한 관점에서 고민하고 있다.

세 번째는 감정에 집중한다. 무의미한 체험을 유의미한 경험으로, 부정적인 경험을 긍정적인 경험으로 전환시키는 데 가장 큰 역할을 하는 것은 '감정'이다.

감정이 경험의 방향과 질을 결정할 때가 많다. 많은 기업들이 감성 서비스와 마케팅에 집중하는 이유는, 단순히 경험의 만족도뿐만 아니라 기억에까지 영향을 미치기 위함이다. 고객의 감정과 개별적인 특징을 고려한 서비스, 즉 훨씬 더 세분화된 경험은 단순한 친절보다 눈길을 끈다. 고객 만족이 결과론적인 만족과 체험의 총합에 관심을 갖는다면, 고객 경험은 총체적인 합만 생각하는 게 아니라 부분 합도 생각하는 것이다.

chapter
05

왜 스토리텔링인가

호모 나랜스Homo Narrans는 '이야기하는 인간'이라는 뜻이다. 인간은 이야기 본능을 가지고 있다. 신화 시대부터 지금까지 스토리를 통해 세상을 인식하고 기억해왔다. 사람은 사실을 기억하는 것보다 스토리를 기억하는 것에 더 익숙하며, 스토리를 통해서 나와 우리, 세상과의 관계를 형성한다.

이 책 첫머리에 소개된 호텔의 이름을 기억하는가? 기억이 난다면 아마도 호텔 콘셉트와 서비스를 '이야기 형식'으로 전달했기 때문일 것이다. 심리학자 제롬 브루너에 따르면, 사람들은 사실 자체를 들을 때보다 스토리의 일부로써 들을 때 20배 이상 더 잘 기억한다.

역사를 생각해보자. 거기에는 항상 건국신화가 존재한다. 스토리를 통해서 사람들을 통합하고 부족으로서 국가로서 정체성을 확립한다. 스토리를 통해서 부족 간의 관계가 정의되며, 부족의 성스러운 장소와 상징들이 기억되고 계승된다. 부족의 영웅들은 신화 속에서 살아 숨쉬며, 그들의 정신은 스토리 형식을 띠고 후세에 계승된다. 만약 사실만을 가지고 부족의 정체성과 가치를 전달하려고 했다면 가능했을까? 스토리 없이 사실만을 전달하고 기억하는 것은 불가능에 가깝다. 구전설화는 존재하지만 구전된 사실이라는 것은 존재하지 않는다.

건국신화는 서로 다른 부족들을 하나의 국가로 통합시키는 역할을 해왔다. 종교에서 이야기는 교리를 전파하는 수단이었다. 현대에 들어서면서 스토리는 좀 더 다양한 역할을 하게 된다. 영화, 소설, 연극과 같이 스토리 자체가 산업이 되기도 하고, 스토리를 마케팅이나 브랜딩에 적극 활용하기도 한다.

신화부터 현재의 브랜딩까지, 시대를 초월하여 활용되는 스토리에는 공통된 플롯이 있다. 미국의 신화학자 조셉 캠벨은 동서고금의 신화들을 연구하면서 이것을 발견하게 된다. 우선 비범한 탄생의 비밀을 가진 주인공이 현재의 어려움을 극복하기 위해 여행을 떠난다. 주인공은 여행에서 만난 조력자에게 도움을 받아 성장한다. 장애 요소갈등, 악당 등를 극복하고 고향으로 돌아온다. 이때 빈손이 아니라 가치공동체의 평화 혹은 행복 등를 가지고 온다.

'영웅의 여정'이라고 불리는 이 플롯은 신화뿐만 아니라 현대 영화에서도 자주 사용된다. 영웅이 등장하는 영화 대부분이 그렇다. 〈배트맨〉, 〈슈퍼맨〉, 〈어벤져스〉, 〈반지의 제왕〉 등 수많은 블록버스터의 플롯에서 볼 수 있다. 또한 소설이나 브랜드 스토리에도 활용되고 있다. 이런 플롯이 시대와 장소에 상관없이 등장하며 현재까지도 자주 사용되는 이유는 사람들이 본능적으로 선호하는 이야기 구조이기 때문일 것이다.

고객이 경험한 스토리를 만들어라

조셉 캠벨이 발견한 영웅의 여정은 서비스에서 말하는 '고객의 여정'과 거의 동일하다. 영웅이 가지고 있는 결핍 상태는 서비스를 이용하기 전 고객이 느끼는 결핍 상태와 흡사하다. 고객들이 느끼는 결핍의 유형은 조금씩 다르다. 필요Needs 일 수도 있고, 욕망Wants 일 수도 있다. 유형이 무엇이든 고객은 결핍을 채우기 위해 서비스 제공자를 만나게 되고, 서비스를 이용하고 난 후에는 결핍을 해소하고 현실로 돌아오게 된다.

미용실을 예로 생각해보자. 머리가 너무 지저분하다. 나에게는 '아름다움'이라는 가치가 결여된 상태다. 이 상태를 해결하기 위해서 미용실을 찾아간다. 미용사가 파마를 하고 염색을 해준다. 돈을 지불한 후 집으로 돌아올 때의 나는 출발할 때의 나와 다르다. 출발할 때의 나에게는 없던 '아름다움'이라는 가치와 함께 일상으로 복귀한다. 다른 서비스를 대입해도 비슷하다. 몸이 아픈 환자가 병원을 방문하고, 의료진의 도움으로 건강을 회복한 후 일상으로 복귀한다. 대부분의 서비스는 이렇듯 '조력자의 도움'을 받고 '현실의 결핍'을 해소한다는 측면에서 영웅의 여정 플롯과 유사하다.

그러면 스토리 중에서 가장 잘 기억되는 것은 무엇일까? 정답은

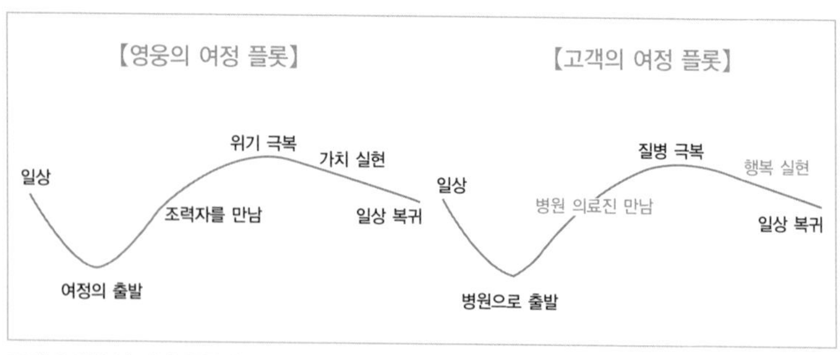

그림 2 **영웅의 여정 플롯과 고객의 여정 플롯 비교**

자신이 경험한 스토리이다. 경험한 일에는 감정이 더해지기 때문에 들은 이야기보다 더욱 생생한 형태로 기억될 수밖에 없다. 어린 시절 유난히 좋아하거나 싫어했던 선생님에 대한 기억, 제일 친했던 짝꿍, 부모님과의 추억 등이 단편적인 사실이 아니라 감정을 동반한 스토리로 기억된다. 스토리를 통해서 장소와 사람, 사건과 감정이 서로 연결된다. 따라서 스토리를 통해서 기억한다는 것은 '사실'을 객관적으로 기억하는 것이 아니다. 사실들은 내가 가진 감정에 따라 편집된다.

프랑스의 작가 크리스티앙 살몽은 스토리텔링을 '이야기를 만들어 정신을 포맷하는 장치'라고 정의했다. 스토리텔링은 사람들이 이야기를 오랫동안 기억하게 할 뿐만 아니라, 사람들의 행동과 감정에 영향을 미칠 수 있다는 얘기다.

스토리텔링을 서비스에 활용하는 방법으로는 이야기를 들려주는 것과 경험시키는 것이 있다. 브랜드의 가치를 들려주는 것이 스토리텔링을 '도구'로 사용한 것이라면, 경험을 통해 스토리를 만드는 것은 스토리텔링을 '구조'로 활용한 것이라 할 수 있다.

chapter
06

"가서 영웅이 될 기회를 잡아라."

"나는 착한 딸이다."

"나는 따뜻한 남편이며, 능력 있는 과장이다."

"나는 환경보호를 위해 삶을 바치고 있다."

"난 성공한 커리어우먼이다."

'나는 어떤 사람이다'라고 하는 정체성은 '실제의 내'가 아닌 '내가 만들어낸 이야기'에 가깝다. 우리는 각자의 행동과 감정의 핵심을 뽑아내어, 나 자신에게 의미 있고 효과적인 이야기로 엮어낸다.[11] 버지니아대학 심리학과 교수 티모시 윌슨은 '우리는 자신의 삶을 쓰는 전기 작가'라고 말한다. 티모시 윌슨에 따르면, 사람이 자기 자신에 대한 이야기를 만들어내는 과정은 '고고학적인 탐사'와 비슷하다. 고고학 탐사는 항상 불완전하다. 모든 유물들이 온전히 남아 있지 않고,

11 《나는 내가 낯설다》, 티모시 윌슨 지음, 부글북스, p.37

기록도 중간중간 끊겨 있다. 사람이 가지고 있는 추억, 감정, 생각들도 고고학적 유물과 비슷하다. 나의 과거를 전부 기억하고, 나에 대한 모든 것을 정확하게 알고 있을 수 없다. 나에 대한 이 '유물'들이 무엇을 의미하는지는 내가 만들어낸 '스토리'에 영향을 받는다. '나의 유물'들이 나의 스토리를 만드는 재료로 활용되지만, 스토리가 만들어진 후에는 '유물'들에 대한 해석, 유물들의 공백이 스토리의 영향을 받는다.

스토리텔링을 구조적으로 활용한다는 것, 다시 말해 고객이 경험한 스토리를 만든다는 것은 무엇일까? 그것은 곧 나를 둘러싸고 있는 상황 인식유물들 을 바꾸는 것이다. '내가 인식하고 있는 나'를 변화시키면 세상과 나에 대한 해석이 바뀐다고 한다. 즉, 스토리가 바뀌는 것이다. 이 변화는 양방향으로 작용한다. 나에 대한 해석이 바뀌면서 스토리가 생겨나고, 이 스토리로 인해 나의 행동이 변할 수도 있다. 거꾸로 나의 행동이 변하면서 나에 대한 스토리를 만들 수도 있다. 어느 경우든 사람은 자신이 가진 스토리를 강화하는 방향으로 행동하는 경향이 있다.

미국의 대학생들은 또래의 음주량을 과대평가할 뿐만 아니라 술을 잘 마시고 잘 노는 사람들을 멋지게 생각하는 경향이 있다. 스탠퍼드 대학 연구원들은 이런 인식을 바꿔보기로 했다. 음주를 인기 없는 집단과 결부시켜, 오로지 '멋지지 않은' 사람들만 술을 많이 마신다는 암시를 주기로 한 것이다. 연구원들은 많은 1학년 학생들이 도서관에 틀어박혀 지내는 나이 많은 대학원생들과 같은 무리로 엮이고 싶어 하지 않는 데 주목했다. 그들은 술을 들고 있는 대학원생 모습과 다음 문구를 함께 담은 전단지를 신입생 기숙사에 붙였다.

"수많은 스탠퍼드 대학원생들이 술을 마시고 그들 중 다수는 필름이 끊길 때까지 마십니다. 술을 마실 때는 이 점을 기억하십시오. 그들로 오인받고 싶은 사람은 아무도 없습니다."

또 다른 신입생 기숙사에는 전단지에 과음이 건강에 안 좋다는 정보만 담아 붙였다. 2주 후, 학생들이 일주일 동안 얼마만큼의 술을 마셨는지 조사했다. 스텐퍼드 대학원생이 등장하는 전단지를 본 학생들은 일주일에 두 잔을 마셨고, 건강 정보만을 받은 이들은 여섯 잔을 마셨다. 건강 정보만 제공한 전단지는 술을 마시면 건강에 안 좋다고 위협은 했을지 모른다. 하지만 과음을 막는 데는 실패했다. 반면에 스텐퍼드 대학원생과 과음을 연관지어 이야기한 전단지는, 자신을 멋진 사람으로 여길 수 있도록 도와주면서 행동 변화를 유도했다.

티모시 윌슨은 '나는 어떤 사람이다' 나에 대한 내러티브[12] 라고 정의하도록 도와주면서 행동 변화를 이끌어낸다. 내러티브 변화는 행동 변화로 이어진다. 나와 나의 상황에 대한 인식 변화가 항상 정교하게 설계되어야 하는 것은 아니다. 때로는 그저 한두 문장의 '말'로도 사람의 행동을 변화시키고, 기억되는 이야기를 바꿀 수 있다.

우리가 몰랐던 스토리텔링의 힘

2005년 5월 26일, 터키 이스탄불의 아타튀르크 스타디움에서 유럽 챔피언스리그 결승전이 열렸다. 결승전에 오른 팀

12 내러티브(narative): 사전적 의미는 묘사, 서술이며, 실제 또는 허구의 이야기를 진술한다는 뜻이다.

은 AC밀란과 리버풀이었고, 호화 멤버를 자랑하던 AC밀란의 우승이 점쳐졌다. 경기는 AC밀란의 우세 속에 시작되었고, 전반에만 3대 0이란 스코어를 기록했다. 모두가 AC밀란의 우승을 확신한 그때, 라커룸에서 리버풀의 베니테즈 감독은 낮지만 강한 목소리로 선수들에게 이야기한다.

"가서 영웅이 될 수 있는 기회를 잡아라You will give yourself the chance to be heroes."

2016년 4월 15일 리버풀의 안필드 경기장에서도 비슷한 상황이 연출된다. 유로파컵 8강에서 0대2로 지고 있던 리버풀의 감독 위르겐 클로프는 선수들에게 이스탄불의 기적[13]을 언급하며 지금의 상황이 그때와 비슷하다고 이야기한다. 더 이상 잃을 것이 없기에, 앞으로 나아가 싸우자는 말과 함께 다음과 같이 이야기한다.

"우리의 손자들에게 이야기해줄 순간을 만들자. 그리고 우리의 팬들에게는 특별한 밤을 선물해주자We have to create a moment to tell our grandchildren and make a special night for the fans."

두 상황 모두 스포츠에서 흔히 발생할 수 있는 패배 직전의 순간이다. 하지만 라파엘 베니테즈나 위르겐 클로프는 그 순간을 맥락이 있는 이야기의 일부로 만들었다. 패배 직전의 순간이 아니라 영웅이 되는 순간으로, 손자들에게 특별한 이야기를 해줄 수 있는 순간으로 바꿨다. 경기에서 진 패자가 아니라, 팬들과 손자들에게 특별함을 선사할 수 있는 영웅으로 전환시켰다.

---

13 앞에 언급한 챔피언스리그 결승전을 가리킨다. 전반에만 3대0으로 지고 있던 리버풀이 후반전 동점을 만든 후 승부차기에서 승리하며 우승했다.

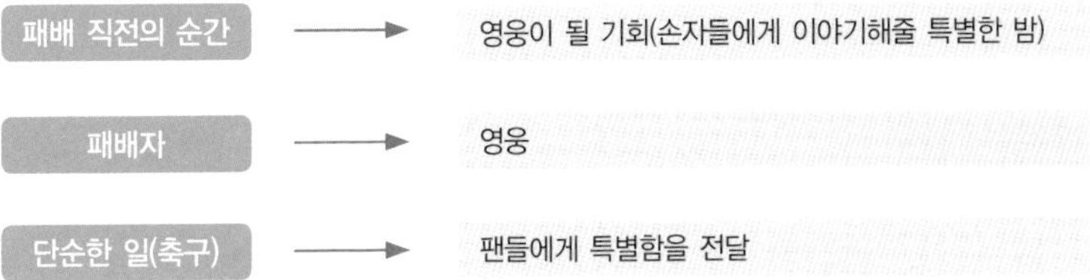

그림 3 **베니테즈 감독과 클로프 감독이 만든 인식**

베니테즈 감독과 클로프 감독은 동기 부여를 위해 장황설을 늘어놓지 않았다. 선수들을 이야기의 주인공으로, 이 순간을 영웅적인 이야기의 일부로 만들면서 현실을 바라보는 관점을 바꿨을 뿐이다. 관점이 바뀌자 경기에서 얻는 가치가 달라졌다. 단순한 승리가 아니라 팬들을 위해, 리버풀을 위해, 그리고 그들에게 특별한 밤을 선물하기 위해 사력을 다해 뛰고 승리를 추구하게 되었다. 경기를 통해 얻는 가치가 달라짐에 따라 선수와 서포트, 선수와 리버풀의 관계도 바뀐다. 단순한 직업 축구 선수가 아니라 팬들에게 특별함을 주는 영웅이 되는 것이다.

서비스 접점에서 스토리텔링을 활용하는 것도 이와 비슷하다. 짧은 하프타임 동안 긴 이야기를 할 수 없는 것과 마찬가지로 고객 접점에서도 긴 이야기는 할 수 없다. 베니테즈 감독과 클로프 감독이 했던 것처럼 관점 변화를 통해 이야기를 만들어야 한다. 우선 관점을 변화시켜 고객과 직원의 행동 변화를 유도해야 한다. 고객 접점에서 가장 좋은 스토리텔링은 이야기를 만드는 것이다. 회사와 직원은 이야기를 만들고 고객이 그 이야기를 말하게 해야 한다. 이제 사람들은 제품과 서비스를 선택할 때, 고객 만족도 조사를 참고하기보다는 SNS와 주변의 평가를 더 신뢰하기 때문이다.

chapter
07

가치가 명확하지 않으면 공감을 끌어낼 수 없다

2009년 10월 21일, 축구를 좋아하는 200여 명의 남자들이 어두운 표정으로 클래식 공연장에 모여 있다. 그날은 레알 마드리드와 AC밀란의 챔피언스리그 경기가 열리는 날이다. 축구를 광적으로 좋아하는 이탈리아 남자들에게 친구들과 함께 축구를 보는 순간은 특별함을 넘어 '성스러운 순간'에 가깝다. 더구나 레알 마드리드와 AC밀란의 챔피언스리그 경기라면 그 특별함이 더할 것이다. 그런 중요한 경기를 보지 못하고 클래식 공연장에 앉아 있으려니 표정이 좋을 수가 없다. 200명 중 100명은 여자 친구에게 끌려왔고 50명은 교수, 50명은 직장 상사에게 마지못해 끌려왔다. 그들은 그날 클래식 공연에 가자는 말을 듣고, 처음에는 레알 마드리드와 AC밀란의 경기가 있다며 저항했다. 하지만 결국 항복하고 공연장에 멍한 표정으로 앉아 있다. 클래식 공연이 시작되고, 시간이 흐를수록 남자들은 초조해한다. 그

사진 2 Heineken made to entertain의 한 장면

중요한 경기를 못 보고 공연장에 있는 처지가 믿기지 않는다. 그때 공연장 위로 자막이 떠오른다.

"상사에게 싫다고 말하기 힘들죠?Hard to say no to your boss, isn't it?"

공감을 담은 잔잔한 웃음이 여기저기서 들린다.

"여자 친구에게도 말하기 힘들죠?To your girlfriend?"

좀 더 큰 웃음소리가 터져나온다.

"축구도 싫다고 말할 수 없죠?And to the match?"

그 다음 순간 공연장에 앉은 모든 남자들이 가슴속에 담은 채 외치지 못한 'match'라는 단어가 등장했다. 갑자기 분위기가 뜨거워진다.

"어떻게 이런 중요한 경기를 안 볼 생각을 했죠?How could you even have thought of missing the big match?"

마침내 마음속에 가득 차 있었지만 하지 못했던 그 한마디가 스크린에 등장한다. 장내에서는 환호와 갈채가 터져 나온다. 클래식을 연주하던 관현악단은 어느새 챔피언스리그 음악을 연주하고 있다.

"레알 마드리드와 밀란이 경기장에 있습니다Real Madrid and Milan are now on the pitch."

계속되는 환호와 갈채 속에서 그들을 열광시키는 한마디가 떠오른다.

"함께 경기를 즐겨봅시다!Let's enjoy the match together!"

그 자리에 모인 남자들에게는 경기의 승패보다 그 경기를 즐길 수 있었다는 사실이 더 오래 기억에 남을 것이다. 열광적인 분위기 속에서 이벤트를 마련한 주인공을 잠깐 소개한 후 바로 축구장 모습을 비춰준다.

"하이네켄, 즐거움을 선사합니다Heineken made to entertain."

스크린에서는 AC밀란과 레알 마드리드 선수들이 경기 전 인사를 하고 있었다. 2010년 칸 국제광고제 미디어부분 금상을 받은 이 이벤트는 150여만 명이 스카이스포츠를 통해 시청했고, 이튿날에는 1,000만 명가량이 뉴스를 통해 소식을 접했다. 또한 시간이 지난 지금까지도 유튜브나 각종 커뮤니티를 통해 공유되고 있는데, 이는 콘텐츠가 가진 가공할 힘 때문이다. 인터넷에서 하이네켄을 검색하면 '챔피언스리그'라는 연관 검색어가 나올 정도이다. 이렇게 단 한 번의 이벤트를 통해 하이네켄은 고객들 머릿속에 '하이네켄=챔피언스리그'라는 공식을 심을 수 있었다.

많은 기업들이 하이네켄과 비슷한 시도를 한다. 고객들을 대상으로 깜짝 이벤트를 벌이고, 이 모습을 담은 영상을 배포한다. 접근성이 좋은 유튜브나 페이스북을 통해 공개되는 영상은 꽤 많다. 하지만 모든 영상들이 화제가 되고 공감을 얻는 것은 아니다.

성공한 스토리텔링과 실패한 스토리텔링

2012년, 우리나라의 한 기업에서도 비슷한 이벤트를 벌인 적이 있다. '2012년 오늘의 젊음의 모습은 어떨까요?'라는 질문으로 영상은 시작된다. 각종 아르바이트와 취업난, 스펙 쌓기 등에 지친 젊은이들의 모습을 비춘 뒤, 이들에게 힘을 주고 싶은 K사의 마케팅부서 회의실을 보여준다. 그들이 밝힌 이벤트 목적은 다음과 같다. "젊음, 그들의 꿈과 희망을 상기시켜줄 프로젝트를 기획하게 되었습니다."

주말에도 아르바이트를 구해야 하는 젊은이들. 프로젝트는 그들 중 500여 명을 모으는 데서 시작된다. 그들은 K그룹의 2012년 신년회 행사 진행 요원으로 선발되어 행사 예정 장소인 대학 강당에 모인다. 'K그룹 신년회 진행 요원을 위한 오리엔테이션'이 시작된다. 사회자가 행사의 중요성과 참가자들의 역할을 강조한다. 금방 지루해하는 참가자들의 모습을 비춘다. 여기까지는 하이네켄 동영상과 비슷하다.

코미디언이 등장해서 '젊음과 소통'을 주제로 강연을 시작한다. 그러고는 강사들도 좀 쉴 수 있게 차라리 뮤지컬을 보는 게 어떻겠냐고 제안을 한다. 환호 속에 뮤지컬이 시작된다. 뮤지컬 종료 후 'SURPRISE'라는 문구와 함께 회사 관계자가 무대에 오른다.

"이 행사는 취업난에 지친 젊은이들을, 또 아르바이트를 구하며 열심히 땀 흘리는 여러분들에게 작은 즐거움을 드리고자 K사에서 서프라이즈 공연을 준비한 것입니다."

장내 젊은이들은 K사를 연호하고, 핸드폰 화면에 'K사 사랑해요'라는 말을 띄운다. 화면에는 이날 아르바이트를 하러온 500여 명이 서프라이즈 공연을 즐겼으며, 2012년 다이어리와 공지되었던 일일 보수도 받았다는 자막이 뜬다.

이 동영상을 두고 유튜브에서는 댓글 전쟁이 벌어졌다. K사를 격렬히 비난하는 내용과, 그래도 좋은 일 했다는 옹호 글들이 달렸다. 하이네켄의 동영상이 찬사 일색인 것과는 대조적이다. 대중을 한자리에 모으고, 지루함에 지쳐 있는 그들에게 깜짝쇼를 선사하는 구조는 하이네켄과 똑같다. 하이네켄은 이미 하고 있는 축구 경기를 중계해줬을 뿐이지만, K사는 뮤지컬 팀을 따로 부르고, 심지어는 돈도 지급했다. 그럼에도 불구하고 대중의 반응은 극과 극이다. 이 둘의 차이는 무엇일까?

첫째는 전달하려는 가치의 명확함이다. 하이네켄이 목표로 한 것은 남자들에게 '친구들과 축구에 열광할 수 있는 순간', 즉 성스러움에 가까운 그 순간을 복원시켜주는 것이다. 하이네켄의 다른 스토리텔링 사례에서도 지속적으로 강조되는 가치다. 이벤트 대상도 바로 그 가치에 목말라하는 남자들이다. 여자 친구와 직장 상사, 교수들의 강압을 못 이기고 끌려온 '피해자'들이다. 동영상을 보면, 하이네켄이 주려고 하는 가치가 그들에게는 얼마나 소중한지 알 수 있다.

K사는 청춘의 꿈과 희망을 상기시켜주는 프로젝트라고 설명했다.

그렇지만 500여 명의 아르바이트 학생들이 어떤 꿈과 희망을 가지고 있는지는 이야기해주지 않는다. 그저 동영상 서두에 '청춘은 아프고 힘들다'고 선언해버린 후 자신들이 치유해주겠다고 이야기한다. 아프지 않던 청춘들마저 아픈 환자로 만들어버린다.

두 번째는 공감의 차이다. 하이네켄의 동영상을 보는 축구 팬들은 친구들과 마음 편히 축구에 열광할 수 있는 순간이 얼마나 소중한지 알고 있다. 그렇기에 하이네켄이 말하는 그 순간의 회복에 깊이 공감하게 된다. 공감의 차이는 곧 감동의 차이를 만든다. 하이네켄 동영상을 본 사람들은 챔피언스리그 주제가와 함께 하이네켄 로고, 레알 마드리드와 AC밀란 선수들을 보면서 온몸에 소름이 돋는 감동을 느낀다. 축구 팬이 입혀놓은 한글 자막을 보면, '축빠로서 감동 백배'의 순간이었다고 표현해놓았을 정도이다. 고객 관점에서 그들에게 결핍된 것을 정확히 파악하고 해결해 공감을 끌어낸 것이다.

K사의 동영상을 보면 그런 공감의 순간이 없다. 그저 지루해하다가 공연을 봤으니 재미있겠다는 생각이 드는 정도이다. 지루한 아르바이트 교육을 받던 500여 명의 젊은이들이 뮤지컬을 보는 것이 어떻게 꿈을 상기시켜주고 희망을 불러일으키는 일인지 공감할 수 있는 사람은 거의 없다. K사의 이벤트는 참여자의 관점이 아닌 공급자의 관점에서 기획된 것이다.

세 번째는 관계의 자연스러움에 차이가 있다. 지향하는 가치가 명확하고, 참여자들이 느끼는 것과 원하는 것을 정확히 알고 있던 하이네켄은 자신을 자주 드러낼 필요가 없었다. 하이네켄은 영상 중간에 딱 한 번 등장한다. 축구 영상이 나오기 직전에 'Heineken made to entertain'이라는 자막이 한 줄 나올 뿐이다. 가장 결핍된 것을 시원하게 해결해주었기에 굳이 생색을 낼 필요가 없었다. 반면 K사의 동영상은 부자연스럽다. 처음 시작부터 K사가 등장하고, 영상 중간에는 코미디언의 유도에 따라 K사를 연호한다. 게다가 핸드폰에 '사랑해요 K사'라는 문구를 넣고 흔든다. 영상이 마무리될 때까지 계속해서 K사 이름이 등장한다.

가치가 불명확하면 공감을 끌어낼 수 없다. 하이네켄의 이벤트가 기업의 스토리텔링 사례로 꼽히는 반면, K사의 이벤트는 그냥 광고로 보이는 이유가 바로 여기에 있다.

고객의 선택적 관심을 사로잡아라

캐나다의 항공사 웨스트젯의 크리스마스 미라클 동영상 역시 하이네켄과 비슷한 특징을 보여준다. 웨스트젯 항공사는 2013년, 250명의 승객에게 잊지 못할 크리스마스 선물을 선사한다. 그들은 토론토 피어슨 공항에서 존 먼로 해밀튼 공항까지 가는 승객들에게 산타클로스와 화상통화를 하게 한다. 승객들이 원하는 선물을 하나씩 이야기하고 탑승한 뒤, 웨스트젯 직원 150여 명이 선물을 구입한다. 목적지에 내린 승객들이 짐을 찾으러 가자 캐롤과 함께 컨베이어 벨트에서 선물이 쏟아지고, 산타클로스가 등장해 선물을 나누어 준다. 이 이벤트에는 호평이 쏟아졌다. 2013년 12월 8일에 유튜브에 업로드되었는데 12월 10일 40만 뷰, 12월 11일 100만 뷰, 12월

12일 1,000만 뷰, 16일에는 2,700만 뷰를 넘어섰다.

	하이네켄과 웨스트젯	K사
전달 가치	• 남자들의 성스러운 순간(하이네켄) • 크리스마스의 행복(웨스트젯)	• 청춘의 위로
전달 가치와 이벤트의 관계	• 가치와 이벤트의 관계가 명확함 • 유럽 남자들이라면 열광할 수밖에 없는 챔피언스리그(레알마드리드와 AC밀란)의 경기를 선택 • 크리스마스 하면 연상되는 산타클로스와 선물을 통해 공감을 바탕으로 한 이벤트 진행	• 청춘의 위로와 뮤지컬 공연 • 아르바이트 일당을 지급하여 이벤트 주최측과 관계가 모호해짐
공감	• 해당 가치를 공유하는 특정 집단을 선정하여 공감을 얻거나, 개인별로 원하는 선물을 물어보고 제공함	• 현재 대한민국 청춘에 대해 일방적인 정의를 내림 • 이벤트에 공감하기 어려움
관계	• 잃어버린 가치를 회복시켜주는 조력자 • 행복을 주는 산타클로스	• 일방적이고 시혜적인 관계

표 1 **성공한 스토리텔링과 실패한 스토리텔링**

웨스트젯의 영상에서도 하이네켄과 같은 특징들이 명확하게 드러난다. 웨스트젯 역시 이벤트를 통해 '크리스마스의 행복'이라는 명확한 가치를 전달한다. 하이네켄은 축구 팬들의 공통된 니즈를 해결해주었지만, 이들은 각각의 니즈를 모두 물어본 뒤에 해결해주었다. 산타클로스의 색깔 등을 통해서 자연스럽게 웨스트젯 항공사임을 알렸을 뿐 웨스트젯을 지나치게 드러내지 않았다. K사와 같이 시혜를 베푼다는 느낌도 전혀 없었다. 성공한 스토리텔링과 실패한 스토리텔링은 이렇게 가치, 공감, 관계에서 차이가 드러난다.

인터넷이 발달하기 전에는 기업들이 굳이 이런 종류의 스토리텔링을 할 필요가 없었다. 방송과 신문을 통해 일방적으로 정보를 전하기만 해도 충분했다. 고객들 역시 기업들이 제공하는 정보가 가뭄의 단비처럼 느껴졌을 것이다. 정보가 제한적이었지만, 선택할 수 있는 상품과 서비스 역시 제한적이었기 때문에 딱히 불편하지는 않았다.

하지만 인터넷과 SNS가 발달하면서 정보를 둘러싼 생태계가 변했다. 정보 소비의 객체에 불과했던 고객들이 정보 생산의 주체가 되었다. 기업들이 경쟁적으로 쏟아내는 수많은 정보에 더해, SNS를 통해 셀 수 없이 많은 고객들이 경험적인 정보를 쏟아내기 시작했다. 인터넷은 정보의 바다를 훌쩍 넘어 정보의 홍수 상태가 되었다.

이렇게 공급되는 모든 정보들이 의미를 갖지는 않는다. 대부분은 자신의 관심사에 따라 정보를 선택적으로 받아들이게 된다. 관심 없는 정보는 그저 공해에 불과할 뿐이다. 고객들에게 아무리 많은 정보를 주고 친절하게 대하고 마케팅을 해도 그들의 관심사에서 크게 벗어난 정보, 나와 상관이 없다고 생각하는 정보에는 눈길도 주지 않는다. 그렇기에 고객이 가치에 공감할 수 있는 이야기를 만드는 것이 기업들에게 더없이 중요해지고 있다.

chapter
08

고객은 누가 오리지널인지 신경 쓰지 않는다

우리 회사 근처에는 버거킹이 있다. 내가 그곳을 맥도날드라고 말하면, 주변 사람들이 그곳은 맥도날드가 아니라 버거킹이라고 정정해준다. 그런데 스몰비어의 상호를 잘못 말했을 때에는 아무도 신경 쓰지 않는다. 고객 입장에서는 브랜드 간의 차별성을 느끼기 힘들기 때문이다. 고객은 A맥주에 갔는지 B맥주에 갔는지 기억을 못할 가능성이 크다. 비슷한 콘셉트의 경쟁자가 많은 상황에서 고객들에게 기억되기는 쉽지 않다.

'청년장사꾼 감자집'은 비슷한 스몰비어일지라도 스토리가 있는 곳은 어떻게 차별화되는지 잘 보여준다. 서촌에 처음 문을 열었을 때 상호는 '열정감자'였다. 시장 골목 내에서 가장 나이 어린 장사꾼들답게 열정을 보여주겠다는 의미였다. 그리고 그 이름처럼 청춘의 발랄함이 느껴지는 티셔츠와 홍보 문구, 열정이 느껴지는 서비스로 다른 스몰비어와 큰 차이를 만들었다.

사실 메뉴를 살펴보면 다른 스몰비어와 별 차이가 없다. 다른 것은 열정에 찬 직원들이다. 직원들은 매장에 들어오는 모든 이들이 고객이기 전에 '사람'이라는 것을 명확히 아는 것 같다. 단순히 손님을 대하는 태도가 아니라 동네 이웃을 대하는 듯한 친근함으로 사람을 대한다. 지나가는 단골손님들과 하이파이브를 하기도 하고, 요즘 있었던 일을 스스럼없이 이야기한다. 고객들은 술을 마시러 온 것이 아니라 동네 마실을 나온 것 같다. 직원과 고객의 관계가 형성되는 곳에서 맥주 한잔은 기억이 아닌 추억으로 남을 수 있다. 남들과 공유하고 싶은 스토리가 되는 셈이다.

이 감자집은 매스컴에도 여러 차례 소개되었다. 그런데 그 후에 다른 업체가 '열정감자'라는 상표를 등록해버려서 부득이하게 '청년장사꾼 감자집'이라고 상호를 변경하여 영업 중이다. 상호는 바뀌었으나 감자집에서는 여전히 '열정'을 느낄 수 있고 고객들은 꾸준히 새로운 스토리를 만들고 있다. 자신만의 스토리가 있으면 비슷한 콘셉트를 가진 경쟁자가 나오거나 가게 이름을 빼앗겨도 크게 영향받지 않는다는 걸 보여주고 있다.

굳이 말로 하지 않아도 가치를 전달하는 힘

청년장사꾼 감자집이 비슷비슷한 스몰비어들과 다른 점은 스토리를 갖고 있다는 것이다. 스토리가 갖고 있는 장점들은 어떤 것일까? 스토리를 서비스에 활용하면 어떤 장점들이 있을까?

첫 번째, 스토리는 브랜드의 가치와 고객의 가치를 연결한다. 농업사회, 산업화 시대에는 고객들의 욕구가 다양하지 않았다. 모두가 똑같은 교과서로 교육을 받았고 TV, 신문과 같은 언론 매체의 선택 폭이 넓지 않았다. 또한 개성을 추구하기보다는 표준화되는 것이 미덕인 시대였다. 자신의 욕구나 가치를 발견할 만한 환경이 갖추어지지 않았다.

기업도 고객을 개별적인 존재로 보기보다는 군집으로 파악했다. 하지만 시대가 변하면서 고객은 달라졌다. 과거보다 다양한 욕구와 가치들이 존재하게 되었다. 남들과 똑같은 것보다 나만의 것에 대한 욕구는 점점 높아졌다. 고객은 브랜드가 지향하는 가치가 내 가치와 일치할 경우에는 다른 조건이 조금 좋지 않더라도 주저 없이 그것을 선택한다. 서비스에 스토리텔링을 활용하면 브랜드가 담고 있는 가치와 고객이 품고 있는 가치를 효과적으로 연결할 수 있게 된다.

두 번째, 스토리는 거부감 없이 가치를 전달한다. 하이네켄과 웨스트젯이 유튜브에 공개한 영상에는 많은 댓글이 달렸는데, 노골적인 광고라며 비난하는 내용을 찾아볼 수 없다. 반면 일방적인 광고에 가까웠던 K사의 영상에 대해서는 비난 댓글을 많이 볼 수 있었다. 이야기는 굳이 말로 하지 않아도 가치를 전달할 수 있는 힘이 있다.

기업이 지향하는 가치나 방향에 대해 말할 때도 맥락 없는 메시지 형태로 전달하면 사람들은 귀를 기울이지 않는다. 그러나 짧더라도 이야기 형식을 갖추어 말하면 거부감을 주지 않고 듣는 이들과 가치를 공유할 수 있다.

P&G에서 20년 이상을 근무하며 사내 커뮤니케이션 교육 전문가로 활약한 폴 스미스의 저서 《스토리로 리드하라》에는 스토리를 통해 메시지를 전달한 CEO의 일화가 소개되어 있다. 영국 슈퍼마켓 체인의 한 CEO는 고객 최우선이란 가치를 정착시키기 위해 여러 가지 정책을 시행했다. 그중 하나가 정문 가까운 곳에는 고객들이 주차를 하고, 직원들은 먼 곳에 주차를 하도록 한 것이다. 고객들은 편리하게 주차를 할 수 있고 직원들은 정문까지 걸어오면서 주차장 상태도 확인할 수 있는 장점이 있는 정책이었다. 이 정책을 시행하고 얼마 지나지 않아 CEO가 지점 시찰을 나왔다. 그런데 갑자기 비가 쏟아졌다. 직원들은 CEO가 과연 어디에 주차를 할지 궁금해했다. 몇 분 뒤, 직원들은 온몸이 흠뻑 젖은 CEO와 인사를 하게 된다. 다행히 해당 지점에서는 남성복도 취급하고 있어서 옷을 갈아입을 수 있었지만 사이즈가 맞지 않았다고 한다.

이 이야기는 회사 내에 순식간에 퍼졌다. 비록 옷이 모두 젖고 몸에 맞지 않는 옷을 입어야 했지만, 가치는 직원들에게 충분히 전파되었을 것이다. 이 슈퍼마켓 체인에서는 고객 최우선이란 가치를 실현하기 위해 기업의 가치 선언문을 만들고 고객 편의 정책을 마련하는 등 다양한 노력을 하고 있었다. 그렇지만 '고객을 가장 우선한다'라는 가치를 공유하게 만든 것은 스토리였다. CEO의 행동이 담긴 스토리가 선언문이나 정책보다 더 큰 효과를 낳은 것이다. 가치를 직접 말하면 뻔한 소리라는 거부감이 들 수 있다. 심리적인 저항 없이 가치를 받아들이게 하려면 가치를 담은 스토리를 전달하거나, 앞에 등장한 CEO처럼 자신이 스토리의 일부가 되어야 한다.

세 번째, 스토리는 공감을 불러일으킨다. 허먼 멜빌의 《모비딕》 도입부에는 주인공 이스마엘과 식인종 작살잡이 퀴퀘그의 일화가 나온다. 퀴퀘그와 한방을 쓰게 된 이스마엘은 두려움 때문에 며칠 동안 잠을 자지 못한다. 그러던 어느 날, 퀴퀘그가 이스마엘을 깨운다. 자는 척하고 있던 이스마엘은 깜짝 놀라며 일어난다. 긴장한 이스마엘을 향해 퀴퀘그는 자신의 일생에 대해서 길게 이야기한다. 식인 부락에서 태어나고 자란 일부터 시작해서 서양인들을 접하고 그들의 문화를 동경하여 식인 부락을 떠난 일, 서양의 근대 문물을 배우기 위한 노력들을 '이야기'한다.

이야기를 통해 그의 마음에 공감하게 된 이스마엘은 자신의 삶에 대해 이야기한다. 두 사람은 진심 어린 이야기를 공유함으로써 편견을 극복하고 친구가 된다. 만약 퀴퀘그가 이야기가 아닌 사실만을 전달했다면 이스마엘이 퀴퀘그와 공감대를 형성할 수 있었을까? 자신은 사람을 먹지 않고, 서양 문물을 배우고 싶다고 아무리 말해도 믿지 않았을 것이다. 사실을 기반으로 한 진정성 있는 이야기는 듣는 이로 하여금 공감을 불러일으킬 수 있다.

대부분의 민족들이 건국신화를 가지고 있는 것도 이와 비슷한 맥락이다. 같은 이야기를 공유함으로써 공감대를 이루고, 이 공감대를 바탕으로 민족의 정체성을 형성하는 것이다. 기업 차원에서도 이야기는 조직 문화를 변화시키고 직원들을 통합시킬 수 있다. 조직의 가치 혹은 공유해야 할 규범은 좀처럼 윤곽을 잡기가 쉽지 않다. 그러나 이야기를 통하면 구체적인 상황과 맥락, 실제적인 행동을 함께 전달할 수 있다. 이야기에는 추상적인 가치를 구체적인 행동 규범으로 만들어주는 힘이 있기 때문이다.

네 번째, 제품은 모방할 수 있어도 스토리는 베낄 수 없다. 최근 2~3년간 비슷한 콘셉트의 프랜차이즈 브랜드들이 많이 늘어나고 있다. 메뉴는 물론이고, 디자인 콘셉트까지 대부분 비슷하다. 정보를 검색해보면 누가 오리지널인지 알 수 있지만, 고객들은 그런 사실에 별 관심이 없다.

2013년 B밥버거와 S밥버거 간에 '베끼기 논쟁'이 벌어졌다. B밥버거는 S밥버거가 메뉴와 식재료 같은 정보를 도용했다며 의혹을 제기했고, 나중에는 소송까지 벌였다. 하지만 그 사건 이후로도 두 브랜드가 꾸준히 성장하는 걸 보면, 그런 논쟁이 고객들의 선택에는 영향을 주지 않은 것 같다. 다른 예를 봐도 마찬가지다. 스타벅스가 새로운 커피 문화를 만들어내면 다른 브랜드들이 발 빠르게 벤치마킹한다. 이 사실을 많은 고객들이 알고 있지만, 그런 정보가 커피 브랜드를 선택하는 데 장애가 되지는 않는다.

제품부터 디자인까지 모든 것이 '벤치마킹' 가능한 시대다. '벤치마킹'이냐 '베끼기'냐라는 판단이 고객들에게는 큰 의미가 없다. 이런 시대에 '스토리'는 유일하게 벤치마킹하기 힘든 부분이고 차별적인 경쟁력을 부여한다. 브랜드 탄생 이야기, 고객과 직원과의 관계 속에서 만들어진 이야기 등은 함부로 따라 할 수 없다. 제품이나 서비스를 따라 하면 '벤치마킹'이지만, 이야기는 따라 하면 '표절'이 된다.

브랜드의 진짜 오리지널리티, 즉 독창성은 제품이 아닌 스토리에 있다. 스토리가 브랜드에 차별성을 가져다주고, 고객을 공감하게 만들며, 브랜드의 가치와 메시지를 효과적으로 전달한다. 문자로 쓴 이야기는 인쇄물이나 홈페이지에 묶여 있지만, 서비스로 써낸 이야기는 직원과 고객, 고객과 고객 사이에서 살아 움직인다. 단순한 고객 만족이 아니라 스토리를 만들어내는 서비스를 하기 위해서는 무엇을 해야 할까?

chapter
09

가치를 파는 서비스가 승리한다

광화문에 있는 S레스토랑은 이탈리아 남부 요리로 유명하다. 이탈리아 남부의 풍미가 물씬 풍기는 음식과 남유럽을 연상시키는 인테리어가 잘 어우러진 곳이다. 셰프가 일본 사람인데, 그 때문인지 이 레스토랑의 접객 스타일은 독특하다. 고객이 들어올 때마다 이자까야의 직원들이 '이랏샤이마세'를 외치듯이 일제히 '보나세라(이탈리아 인사)'를 외친다. 분명 이탈리아어를 외치는데, 자꾸 이랏샤이마세가 연상된다. 제품과 공간은 완벽하게 남부 이탈리아를 재현하지만 인사는 일본식이다.

이렇게 혼합된 스타일을 좋아하는 이들도 일부 있겠지만, 대부분의 고객들은 이질적으로 느낄 수밖에 없다. 제품과 공간, 서비스의 색깔이 불일치하는 경우에는 이처럼 어색하거나 색깔 없는 고객 경험이 될 수 있다. 제품 경험, 공간 경험, 서비스 경험이 일치한다면 일관된 브랜드 경험과 메시지를 효과적으로 전달할 수 있다. 애플스토어가 고객 경험의 표준이 될 수 있었던 것은 제품 경험과 '지니어스 바'로 대표되는 서비스 경험, 심플한 디자인이 돋보이는 공간 경험이 어우러졌기 때문이다.

서비스에서 고객 만족이 강조될 때, 오로지 '친절'이 강조될 때에는 차별화된 브랜드 경험을 제공하기 힘들다. 제품 경험과 공간 경험은 '시크함'이 느껴지는 데 접객 서비스에서는 나를 왕처럼 모신다면? 이보다 더 어색한 것은 제품, 공간, 서비스가 제각각인 경우다. 제품의 콘셉트는 최고의 기술을 지향하는데, 공간은 정겨운 시골 인심이 떠오르는 60년대 복고풍이다. 그런데 서비스는 고객을 절대 갑으로 모시는 식의 극단적인 친절을 보인다면 어떤가. 차라리 사용하기 편한 제품, 편안한 가정집이 연상되는 공간, 친구와 같은 접객이 더 기억에 남을 수 있다. 모든 것이 불일치하는 경험은 '싫지도 않고 나쁘지도 않은' 것으로 기억조차 안 될 수 있다. 악플보다 서러운 게 무플이라는 말도 있지 않은가.

이야기를 만들어내는 서비스의 세 가지 조건

서비스가 제품 경험, 공간 경험과 별개로 존재해서는 안 된다. 서비스가 스토리를 만든다면, 그 스토리의 배경은 공간이 되는 것이고, 거기에 제품이 등장한다. 다시 말해 서비스 경험이 제품 경험과 공간 경험을 연결시킴으로써 이 세 가지 경험의 방향이 일치할 때 좀 더 일관성 있고 뚜렷한 경험으로 기억될 수 있다. 서비스가 스토리를 만들어야 하지만, 제품이나 공간을 떠나서 스토리를 만드는 것은 아니다. 경험의 일치는 스토리텔링 서비스의 전제에 해당한다. 서비스가 다른 경험 요소들과 조화를 이루어 일관된 가치와 메시지를 전달하기 위해서는 가치, 공감, 관계라는 세 가지가 갖춰져야 한다.

고객 만족이 아닌 가치를 전달하는 서비스

서비스는 고객 만족을 넘어 가치를 전달해야 한다. 2012년 1월 18일, 미디어포스트 머릿기사는 '2000년과 2010년 사이에 소비자 관계와 재무적인 관계에서 가장 빠르게 성장한 50개 브랜드의 특징은 무엇일까?'였다. 이 질문의 답은 바로 가치 지향ideal-driven이었다. 이 브랜드들은 단순히 수익 향상을 목표로 하거나 고객 만족에 집중하는 것이 아니라 '소비자의 삶을 향상시킬 수 있는 가치 추구'라는 공통점이 있었다.

얼핏 생각하기에 가치를 추구하는 것은 대중이 아닌 소수를 지향하는 일처럼 보인다. 가치관에 부합하는 일부 계층만 주 고객이 될 가능성이 있기 때문이다. 하지만 이들이 브랜드 가치와 자신을 동일시할 때는 단순 고객이 아니라 '인플루언서Influencer: 소셜 미디어 상에서 큰 영향력을 발휘하는 소비자'가 될 수 있다. 가치를 지향하는 브랜드의 제품 및 서비스가 갖는 파급력은 제프리 무어가 이야기한 수용자 곡선의 형태와 비슷할 것이다.

이에 따르면 신기술에 극단적으로 민감한 소비자로 '혁신 수용자'

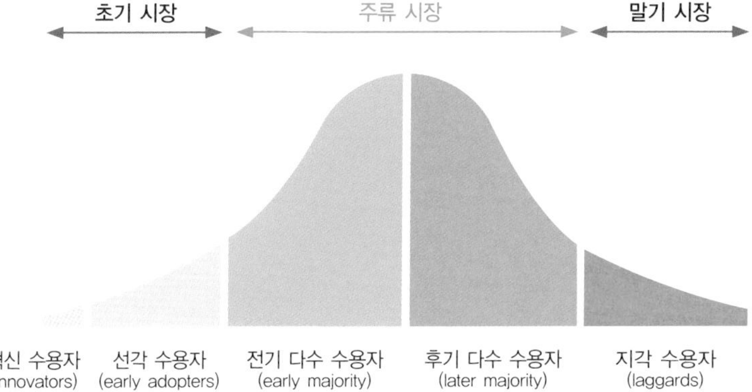

그림 4 **제프리 무어의 수용자 곡선**

와 '선각 수용자'가 있다. 아이폰이 나올 때 밤새워 줄 서는 사람들을 생각하면 이해하기 쉬울 것이다. 이들은 제품을 초기에 사용해보고 누가 시키지 않아도 제품에 대한 홍보를 도맡는다. 티핑 포인트[14]를 만들어내는 '인플루언서' 역할을 하는 셈이다. 가치도 마찬가지이다. 명확한 가치를 지향하는 기업에는 그 가치를 지지하는 팬이 따르게 마련이다.

'볼보'는 극단적으로 안전을 추구하는 기업이다. 탑승자와 보행자를 막론하고 볼보에 의한 사망자를 없애는 것이 이 기업의 목표이다. 볼보 시승기를 보면 맹목적으로 찬양하는 글들이 눈에 띈다. 볼보를 탄 채로 사고가 났지만 무사했다는 내용의 글들도 보인다. 가끔 특정 네티즌이 같은 내용의 후기를 올렸다가 볼보의 세일즈맨으로 의심받는 일도 있다. 그중 한 네티즌은 볼보 사용자로서 좋은 점을 알리고

14 티핑 포인트(Tipping Point) : 말콤 글래드웰Malcolm Gladwell이 이야기한 개념으로, 물이 끓어오르듯이 어떤 변화들이 폭발적으로 일어나는 순간을 말한다.

싶었다며 사과를 하기도 했다.

서비스도 이와 비슷하다. 누구에게나 익숙한 친절, 브랜드나 회사의 가치를 빼놓은 채 오로지 고객 만족만을 강조한 서비스는 아무도 기억하지 않는다. 조금은 거칠어도 가치를 지향하고 색깔이 명확한 서비스를 고객들은 기억하고 언급한다. 가치는 밤하늘에 별자리를 그려내는 것과 같은 역할을 한다. 가치를 중심으로 이어진 서비스가 스토리를 만드는 것이다.

가치가 명확한 브랜드는 팬들이 알아서 홍보한다. 이에 비해 표준화된 서비스를 경험한 고객들은 주변 사람들에게 경험을 전파하지 않는다. 고작해야 "거기 친절해"라는 이야기를 할 뿐이다.

관계의 변화 : 갑을 관계가 아닌 주인공 – 조력자 관계

우리는 일상에서 부족한 걸 채우기 위해 돈을 주고 서비스를 이용한다. 가령 배가 고픈 어느 날 저녁 유난히 느끼한 파스타와 피자가 먹고 싶다고 하자. 만들어 먹을 수 있으면 좋겠지만, 나는 할 수 없는 일이다. 나는 집을 나서서 이탈리아 레스토랑으로 들어간다. 직원에게 추천받은 파스타와 피자는 느끼하지만 맛있다. 나는 기대한 것보다 맛있는 음식에 행복을 느끼며 집으로 돌아온다.

이처럼 우리는 일상에서 결핍이 발생하고, 이 결핍을 해결하기 위해 집을 떠나서 주인공인 '나'를 도와줄 조력자를 만난다. 조력자의 도움을 받아 갈등을 극복하고, 새로운 가치포만감를 가지고 집으로 돌아온다. 이것은 앞서 말한 '영웅의 여정' 플롯과 같다. 이 플롯에서 중요한 것은 '조력자'와 '가치'이다. 주인공은 조력자의 도움을 받아 혼자서는 해결할 수 없는 문제를 극복하고 성장한다. 또한 모든 문제를 해결하고 귀환할 때는 사회에 도움이 되는 '가치'를 환원시킨다.

사업의 구조가 영웅의 여정 플롯과 흡사한 기업들은 이미 존재한다. 가장 대표적인 회사가 '탐스Toms'이다. 탐스의 기업 가치는 '원포원one for one'이다. 신발을 한 켤레 사면, 신발이 필요한 제3세계에 신발 한 켤레를 기부한다. '가난한 이들을 돕는다'는 것이 이들의 가치인 셈이다.

신발로 시작된 이들의 사업은 안경 판매로 확장되어서, 시력에 장애가 있는 사람들을 돕고 있다. 탐스의 기업 스토리에서 고객은 주인공이 된다. 주인공은 어려운 이들을 돕는다는 가치에 적극적으로 동참하지만, 혼자서는 이 가치를 실현할 방법이 없다. 이때 탐스가 이들을 돕는 셈이다. 이들은 탐스의 제품을 구매함으로써 가치를 실현할 수 있다. 탐스와 탐스의 직원들은 주인공인 고객들이 소비를 통해서 가치를 실현할 수 있도록 돕는 조력자이자 스승인 셈이다.

서비스의 목적은 고객 만족이 아니라 회사와 조직원이 지향하는 가치의 실현이다. 그리고 고객은 왕으로 군림하는 것이 아니라 그 가치를 몸으로 경험하고 사회에 퍼뜨리는 주인공이다. 직원들은 왕 앞의 신하가 아니라, 주인공이 성장하고 가치를 사회에 환원할 수 있도록 돕는 조력자 혹은 스승 역할을 한다. 최종 목표는 고객이 스토리텔링의 청자로서 존재하는 것이 아니다. 구조 속에 존재함으로써 스토리를 체화하고 전파하게 하는 것이다.

공감 없이 서비스도 없다

브랜드가 지향하는 가치를 전달하기 위해서는 직원들이 먼저 브랜드의 가치에 공감해야 한다. 공감은 주입식 교육이나 매뉴얼 암기로 이룰 수 있는 것이 아니다. 누군가를 속이기 위해서는 나를 먼저 속여야 한다는 말이 있다. 비록 거짓일지라도 확신에 찬 태도로 말할 때 이야기는 설득력을 갖는다. 그러나 확신에 찬 목소리와 표정은 연습만으로 한계가 있다.

스토리텔링 서비스의 핵심은 조직이 전달하려는 가치와 직원들의 체화를 전제로 한다. 전달하려고 하는 가치를 가장 먼저 직원들이 공감하고, 이를 고객들이 공감한다. 최종적으로 고객들은 기업이 생각하는 가치 축의 일부분이 된다.

그동안 고객 서비스에서 접점 공간에 대한 인식은 면대면 상황에 집중되어 있었다. 스토리텔링 서비스에서도 물론 면대면 상황이 가장 중요하다. 관계는 만남을 통해서 이루어지기 때문이다. 하지만 이제는 다른 접점에서도 일관성 있는 환경이 조성되어야 한다. 인테리어나 색감, 혹은 환자들을 향한 안내문을 통해서도 브랜드가 전달하려는 가치, 고객과 직원의 관계를 강화하는 환경을 조성해야 한다.

SNS는 스토리텔링 서비스에서 중요한 경험 공간이다. 고객이 서비스를 경험한 뒤에는 그 이야기를 전파할 수 있는 공간이 필요하다. 임금님 귀가 당나귀 귀인 것을 알게 된 사람이 말을 하고 싶어 못 견디는 것처럼 사람들은 이야기를 만들거나 발견하면 말을 하고 싶어지기 때문이다. 그럴 때 개인이 경험한 이야기를 브랜드의 이야기로 발전시킬 수 있게 해야 한다. 페이스북, 블로그 혹은 사보 등은 개인의 이야기를 공유하고 전달하기에 효과적인 수단이다. 이 수단을 이용할 때는 고객과 직원들의 자발적인 참여를 최대한 이끌어내야 한다. 적극적으로 참여할 수 있는 온라인 경험 공간을 제공함으로써 고객과 직원들이 자신을 브랜드와 스토리의 일부로 느끼게 해야 한다.

지금까지 고객 만족 서비스의 한계와 이를 극복할 수 있는 스토리텔링 서비스에 대해 간략하게 살펴보았다. 요약하자면 '고객 만족 서비스'의 한계는 첫 번째, 언어의 차이에서 시작된다. 고객 만족은 익숙한 언어와 개념이지만, 고객들이 현실에서 사용하는 언어는 아니다. 자신의 경험을 '만족했어'라고 말하는 사람은 흔치 않다. 서비스 기획, 접점 근무자, 강사들만 많이 '사용'할 뿐이다. 서비스를 제공하는 사람은 만족을 기준으로 평가하지만, 서비스를 이용하는 사람들은 각자의 기준으로 평가한다.

두 번째 한계는 고객 만족이 도달할 수 없는 목표라는 점이다. '만족'의 사전적 개념은 '모자람이 없고 충분히 넉넉함'이다. 모자람이 없는 상태까지 만족을 주기란 불가능하다. 혹시 가능할지라도 지나치게 많은 비용과 노력이 필요하여 비효율적이다.

세 번째로, 고객 만족을 목표로 하는 서비스는 차별성이 없다. 각각의 브랜드들은 자신들만의 가치와 이야기, 콘셉트를 가지고 있다. 제품과 공간에는 브랜드 가치와 이야기, 콘셉트들을 담으려고 노력하는데, 서비스만은 고객 만족을 달성하기 위해 노력하는 브랜드들이 많다. 그러나 같은 기준으로 경쟁하다 보면 접점 근로자들의 피로도만 높아질 수 있다.

네 번째로, 접점 근로자들을 소외시킨다. 현재 '고객 만족'이라는 개념은 '고객은 왕'이라는 프레임을 끌고 온다. 또한 고객을 만족시켜야 하는 이유조차 분명하지 않을 때가 많다. 이런 상황들은 접점 직원을 '도구화'시킬 수 있다.

고객 만족 서비스의 이러한 한계를 극복하기 위해서는 스토리텔링 서비스가 필요하다. 스토리텔링 서비스는 서비스를 통해서 스토리를 만들고, 이 스토리가 브랜드의 가치를 전달하며 직원과 고객, 브랜드와 직원, 브랜드와 고객 간 공감대를 형성한다. 스토리텔링 서비스는 고객 만족을 목표로 하는 것이 아니라 '가치'에 '공감'하고 '관계'를 만드는 역할을 해야 한다. 2부에서는 스토리텔링 서비스에서 '가치', '공감', '관계'가 어떤 역할을 하는지 좀 더 구체적으로 짚어보고, 이 요소들을 서비스에 담기 위한 방법들을 알아보자.

+ 

+ value + storytelling

Part 2

스토리텔링이 서비스의 미래다

제품 및 서비스 제공자들의 철학과 가치에 얼마만큼 공감하느냐가 소비의 기준이 되는 시대가 왔다. 서비스가 곧 가치를 전달하는 도구가 될 때 고객은 자신이 경험한 서비스를 다르게 받아들이게 된다. '탐스'는 고객이 신발을 한 켤레 사면, 신발이 필요한 제3세계에 신발 한 켤레를 기부한다. '가난한 이들을 돕는다'는 것이 이들의 가치라 할 수 있다. 탐스의 스토리에서 고객은 주인공이 된다. 주인공은 어려운 이들을 돕는다는 가치에 적극적으로 동참하지만, 혼자서는 이 가치를 실현할 방법이 없다. 이때 탐스가 이들을 돕는 셈이다. 이들은 탐스의 제품을 구매함으로써 가치를 실현할 수 있다.

Service
Value

chapter
10

가치 :
서비스에 기업의 'why'를 담아야 한다

《나는 왜 이 일을 하는가?》의 저자 사이먼 사이넥은 사람을 움직이는 두 가지 방법을 소개한다. 바로 '조종'과 '영감'이다. 고객 만족을 주장하는 내용은 대부분 '조종'에 해당한다. 고객을 왜 만족시켜야 하는지 명확한 이유가 없음에도 직원들에게 강요할 때는 효과적인 전략일 수 있다. 사이먼 사이넥은 조종의 수단을 가격 인하, 프로모션, 두려움, 열망, 집단 압박, 트렌드 등 여섯 가지로 보았다. 회사가 직원들에게 고객 만족을 강조할 때 할 수 있는 방법들이 거의 포함된다.

고객이 있기 때문에 회사가 존재한다는 말은 생존과 관련된 '두려움'을 자극한다. 친절한 직원들에게 포상을 하고, 모든 회사들이 고객 만족을 위해 노력한다고 되풀이한다. 현재 CS 트렌드를 강조하면서 동참하라고, 혹은 트렌드를 이끌어가야 한다고 강조한다. 사이먼 사이넥은 조종이란 방식에 상당 부분 효과가 있는 것은 분명하지만, 장기적인 관점에서는 잃는 것이 많다고 지적한다. 충성심을 이끌어낼 수 없고 스트레스를 유발하기 때문이다.

그러면 사람들을 기꺼이 일하게 만들고, 스트레스가 아닌 열정을 갖게 하는 원천은 무엇일까? 사이먼 사이넥은 '왜'에서 시작하는 영감이 조종을 대신해서 사람들을 움직일 수 있다고 말한다. 이 영감의 비밀은 '골든 서클'에 있다. 골든 서클은 'Why'에서 시작되어 'How'를 거쳐 'What'으로 확장된다. 각 개념들을 우선 살펴보자.

대부분의 조직과 개인은 '어떻게'와 '무엇'으로 자신의 일을 규정한다. 이에 따라 고객 접점에서 고객들이 느끼는 서비스는 '무엇'에 해당된다. '무엇'을 만들기 위한 새로운 고민과 노력은 '어떻게'에 해

사이먼 사이넥의 골든 서클

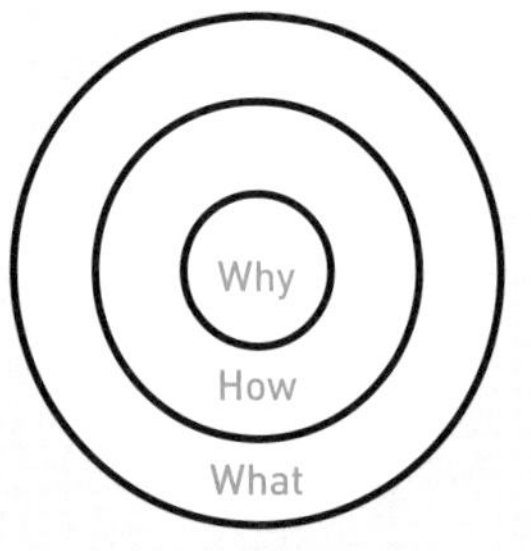

What – 무엇을 : 현재 내가 만들고 있는 제품, 팔고 있는 서비스가 이에 해당한다. 즉, 현재 내가 하고 있는 일이다.

How – 어떻게 : '왜'를 구현하기 위한 행동이나 비즈니스 모델로, '무엇'을 만들어내는 과정이라 할 수 있다. 어떻게 좋은 제품을 만들고 서비스할 것인지 고민하고 구상한다. 대부분의 의사 결정은 어떻게에 집중되어 있다.

Why – 왜 : '왜 이 일을 하는가?'에 대한 답이다. 이 질문의 답은 가치, 이유, 목적, 신념 등이다. 일반적으로 사람들이 생각하고 행동하고 말할 때에는 '무엇'에서 출발해서 '왜'로 들어간다. 질문은 대부분 '무엇'에서 머물며 '왜'에 대해서는 결코 언급하지 않는다.

당된다. 고객들의 우뇌를 자극하는 '감성 서비스' 같은 것이다. CS 교육의 내용은 대부분 '무엇'에 집중된다. '고객 관점에서 생각하고 좋은 첫 인상을 주기 위해 웃어 보인다', '고객들의 경험을 디자인하기 위해서 고객 여정 지도를 그려본다'와 같은 것들이다. 그렇지만 '왜'에 대한 질문은 거의 하지 않는다. 혹자는 고객 서비스에서 '왜'에 해당하는 것이 '고객 만족'이라고 말하기도 하지만 이는 잘못된 접근이다.

애플이 가치를 전달하는 방식

사이먼 사이넥은 '왜'라는 질문에서 모든 것을 시작한 대표적인 사례로 '애플'을 소개한다. 여기서 잠깐 골든 서클을 기준으로 애플과 일반 기업들의 마케팅을 비교해보기로 하자. 일반적인 기업들은 제품과 서비스에 해당하는 '무엇'에서 시작한다. 경쟁사와 비교해서 우리의 서비스와 제품들이 얼마나 차별화되어 있고 경쟁력 있는지 '주장'하고 '어떻게' 더 잘하게 되었는지 설명한다. 그리고 고객들이 움직이기를 기다린다. 사이넥은 일반 기업과 애플의 마케팅 콘셉트가 어떻게 다른지를 다음과 같이 소개한다.

"우리는 훌륭한 컴퓨터를 만듭니다. 유려한 디자인, 단순한 사용법, 사용자 친화적 제품입니다. 사고 싶지 않으세요?"

이와 같은 내용은 일반적인 회사의 접근 방식이다. 무엇을 어떻게 만들었는지 이야기한다. 유려한 디자인은 누구의 솜씨이고 어떤 기술이 적용되었는지 소개하며, 친절하게도 할부로 이용할 수 있는지,

어느 매장 혹은 사이트에서 구매할 수 있는지 말해준다. 하지만 애플의 방식은 조금 다르다.

"애플은 모든 면에서 현실에 도전합니다. '다르게 생각하라!'라는 가치를 믿습니다. 현실에 도전하는 하나의 방법으로 우리는 유려한 디자인, 단순한 사용법, 사용자 친화적 제품을 만듭니다. 그리하여 훌륭한 컴퓨터가 탄생했습니다. 사고 싶지 않으세요?"

애플이 만든 제품들은 '다르게 생각하라!think different'라는 가치에서 출발한다. 애플의 '왜'는 단순히 회사 홈페이지에 등록되어 있는 '기업 소개'가 아니라 살아 있는 공유 가치가 되고 수많은 스토리의 출발이 될 수 있었다. 그렇게 되기까지는 스티브 잡스의 공이 컸다. 그는 애플을 창업하고 자신이 데려온 사장에게 쫓겨난다. 그러나 애플이 위기에 빠졌을 때 다시 돌아온다. 애플 창업 정신을 가지고 말이다. 그 후의 성공은 모두가 아는 이야기다.

스티브 잡스가 애플을 만들고 쫓겨나고 다시 돌아온 과정은 '영웅의 귀환' 플롯 그 자체였다. 특히 애플 고유의 가치를 복원한 것은, 영웅이 세상을 이롭게 하는 가치를 가지고 귀환하는 장면을 연상시킨다. 가치를 지향하는 브랜드, 가치를 추구하는 사람들의 인생에서는 자연스럽게 스토리가 생겨난다. 애플이 스토리를 구축할 수 있었던 것은 스티브 잡스의 삶과 애플의 제품 및 서비스를 통해 구현된 '다르게 생각하라'라는 가치 때문일 것이다.

최근 스마트폰 시장에서 애플의 '무엇'을 모방한 샤오미가 다른 제조업체에 위협적인 존재로 부상했다. 하지만 정작 애플에는 영향을 주지 못했다. 애플의 시작은 '왜'에서 시작된 스토리이고, 이 스토리는 모방할 수 없기 때문이다. 반면에 '무엇'과 '어떻게'로 애플과 경쟁했던 회사들은 샤오미의 영향을 받았다.

'왜'는 애플의 제품과 서비스에 일관성을 부여한다. 애플은 끊임없이 '왜'에 대해서 이야기한다. 아이팟을 출시했을 때도 그랬다. 제품에 대해 세부 사항을 말하기보다 우리가 왜 그것을 가지고 싶은지 이야기했다.

미국에서 MP3를 처음 출시한 기업은 크리에이티브 테크놀로지였다. 이 회사는 자사의 제품 Zen을 '5GB MP3 플레이어'로 정의했다. 애플은 아이팟을 '주머니 속의 노래 1,000곡'으로 정의했다. 같은 기능이지만 다른 관점이다. 크리에이티브 테크놀로지는 자사 제품이 무엇인지 전혀 크리에이티브하지 않게 제시했고, 애플은 '왜' 그것이 필요한지 말했다. '왜'라는 가치에서 시작된 애플의 스토리는 제품을 말할 때도 일관되게 적용된 것이다.

서비스에도 마찬가지로 기업의 '왜'가 담겨야 한다. 서비스에 기업과 브랜드들은 '왜'가 없다 보니 오로지 '어떻게'와 '무엇'에만 집중하게 되고, 결국 '왜'의 빈자리를 고객 만족이 차지하게 됐다.

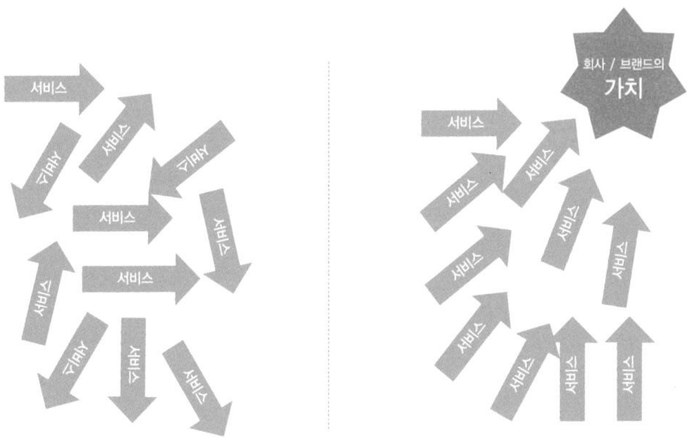

그림 5 **스토리텔링 서비스에서 '가치'의 역할 : 서비스들은 가치를 향해 정렬되어야 한다.**

chapter
11

가치 :
고객이 서비스를 판단하는 기준이 달라지고 있다

브랜드나 기업이 지향하는 가치가 명확하다면, 그에 따라 서비스에 대한 판단 기준도 변할 수 있다. 김밥천국과 맥도날드, 고급 호텔에 있는 레스토랑, 이태원이나 가로수길에 있는 레스토랑에서 기대하는 경험은 각각 다르다. 김밥천국과 맥도날드에서는 주문한 음식이 빨리 나오기를 기대한다. 하지만 호텔 레스토랑에서는 패스트푸드점만큼 음식이 빨리 나오기를 기대하지 않는다. 맛집에서는 친절한 접객 서비스를 포기하고 오로지 맛있는 음식만 기대할 수도 있다.

같은 호텔이라 할지라도 호텔이 지향하는 가치가 명확하다면 서비스의 평가 기준이 다를 수 있다. 책의 초반에 소개했듯이 네스트 호텔 쿤스트라운지에서는 물을 그냥 제공하는 것이 아니라 돈을 받고 판매한다. 편의점에서 물을 사 먹는 것은 익숙하지만, 카페나 식당에서는 그렇지 않기 때문에 불만이 생길 수도 있다. 그런데 종업원은 정말 어이없다는 듯이, 친구에게 투덜거리는 식으로 이야기했다. 서울 시내 특급 호텔 직원이 그런 방식으로 이야기했다면 황당하다고 생각했을 것이다. 그런데 지향하는 바가 뚜렷한 네스트 호텔에서는, 서비스에 대해 친근하게 설명하고 대안을 제시해주는 직원의 응대 태도가 어울렸다. 전혀 이질적이지 않았다. 오히려 지나치게 격식 차린 응대가 어색했을 것이다. 호텔이 추구하는 가치와 콘셉트를 기준으로 서비스를 판단했기 때문이다. 만약 브랜드의 콘셉트와 전달하려는 가치가 불분명했다면, 서비스의 판단 기준은 일반적인 고객 만족 개념에 맞춰졌을 것이다.

의미를 찾는 소비자들에게 만족감을 주는 것

시장이 성숙해지면 기업들은 차별화를 위해 특별한 노력을 기울인다. 그렇지만 기업들의 특별한 노력을 고객들은 평범함으로 받아들이는 경우가 많다. 필립 코틀러는 차별화를 위한 기업들의 노력이 일용품으로 전락한다고 보았다.

> "창의적인 기업들은 뛰어난 서비스와 남다른 고객 경험을 제공함으로써 차별화를 시도한다. 이런 노력은 성장에 연료를 제공하기도 하지만, 결국은 그런 제품들 역시 일용품이 되고 만다."[15]

15 《마켓 3.0》, 필립 코틀러 지음, 타임비즈, p.191

필립 코틀러는 '일용품에서 벗어나기 위해서는 제품 및 서비스가 소비자들의 삶과 사회에 변화를 가져올 수 있어야 한다'고 말한다.

일본에서는 '응원소비'라는 용어가 2010년경에 등장했다. '응원소비'는 단순히 상품을 소유하고 싶다는 욕망에 따라 구매를 하는 것이 아니다. 만드는 사람이 지니고 있는 신념에 동의하거나, 구입을 통해 만드는 사람에게 좋은 일을 할 수 있다는 목적이 가미되어 이루어지는 소비를 말한다.[16] 본인의 라이프 스타일을 풍족하게 해주는 것은 물론이고, 제품 및 서비스 제공자들의 철학과 가치에 얼마만큼 공감하느냐가 소비의 기준이 되는 것이다. 제3세계 어린이 돕기를 떠올리며 탐스를 사는 것, 환경을 생각하는 파타고니아를 구매하는 것, 협동조합인 한살림의 농수산물을 사는 행위는 일종의 '응원소비'인 셈이다. 서비스가 곧 가치를 전달하는 도구가 될 때 고객들은 내가 경험한 서비스를 다르게 받아들일 수 있다.

16 《큐레이션의 시대》, 사사키 도시나오 지음, 민음사, p.111

chapter
12

가치 :
"세상을 위해 특별한 일을 하고 있다."

알랭 드 보통의 《일의 기쁨과 슬픔》에는 영국 유나이티드 비스킷 공장에 대한 이야기가 나온다.

> "비스킷을 구우며 오후를 보낸다는 게 어떤 의미인지 아는 사람들이 많기 때문에, 상근직 직원 5천 명이 그 별것 아닌 일을 하는 회사가 있다는 사실을 알면 놀랄 사람도 많을 것이다."[17]

과정을 세세히 나눠서 5천여 명이 비스킷을 굽는다. 혼자서 구울 때는 지금 내가 하는 일이 비스킷에 어떤 영향을 미치는지 알 수 있다. 물을 많이 넣으면 반죽이 어떻게 되는지, 오븐에 얼마만큼 구워야 색깔이 예쁘게 나오는지……. 그리고 이것이 가장 중요한데, 비스킷

17 《일의 기쁨과 슬픔》, 알랭 드 보통 지음, 은행나무, p.84

을 굽는 일에 어떤 의미가 있는지 그려볼 수 있다. 내 취향에 따라 버터를 잔뜩 넣은 비스킷에 딸기잼을 발라 먹으면 어떤 맛일까 상상하며 즐거워하고, 사랑하는 가족들이 맛있게 먹는 장면을 떠올리며 행복해한다. 판매를 위한 거라면 손님들의 반응을 기대하며, 혹은 수익을 생각하며 신나게 구울 수도 있다. 비스킷을 굽는 일이 삶의 일부분이 된다. 귀찮거나 짜증나거나 무기력해지지 않는다. 반면 5천 명 중 한 명이 되어 비스킷을 굽는다면 어떤 느낌이 들까? 알랭 드 보통은 '물질만 생각하는 동물이 아니라 의미에 초점을 맞추는 동물'인 사람에게 분업화가 주는 영향에 대해 고민한다.

> "진짜 문제는 비스킷을 굽는 것이 의미 있느냐가 아니라, 그 일이 5천 명의 삶과 6개의 제조 현장으로 계속 확장되고 분화된 뒤에도 여전히 의미 있게 여겨지느냐 하는 것이다. 어떤 일은 오직 제한된 수의 일꾼의 손에서 활기차게 이루어질 때에만, 그래서 그 몇몇의 일꾼이 자신의 작업 시간에 한 일이 다른 사람들에게 영향을 미친다고 상상하는 순간에만 의미 있게 보일 수도 있다."[18]

접점 직원에게 어떤 영감을 줄 것인가

앞서 얘기했듯 도스토옙스키는 "사람의 영혼을 파괴시키는 가장 쉬운 일은 그 사람에게 의미 없는 일을 시키는 것"이

18 같은 책, p.88

라고 했다. 분업화로 인해서 전체가 보이지 않는 일을 할 때, 그리고 현재 하는 일이 내 삶에서 생계유지 수단 외에 의미를 갖지 않을 때 우리는 쉽게 지칠 수밖에 없다. 더구나 서비스 현장에서는 반복적으로 행해지는 업무가 많다. 고객이 바뀌어도 대화 내용은 별다를 게 없다. 같은 일을 목적 없이 반복하기 쉬운 환경이다. 그렇지만 가치 지향적 서비스를 제공하면 접점 직원들이 소외되는 현상을 극복할 수 있다. 매슬로의 욕구 5단계설로 본다면 최상단에 위치한 '자아실현'의 욕구를 충족시킬 수도 있다.

미국 JDV 호텔 체인을 이끌었던 칩 콘리는 일을 할 때 상위 욕구가 충족되면 하위 욕구는 자연스럽게 채워진다고 생각했다. 그가 중요하게 여긴 것은 '일터의 의미'였다. 일터의 의미는 자신이 다니는 회사의 업무 환경, 사명, 의식 등에 대해 어떻게 생각하는지와 관련이 있다. 회사가 가지고 있는 철학과 가치에 공감하는 경우에는 직원들 간의 연대감이 강해진다. 또한 회사에 자부심을 갖게 된다. 따라서 회사의 성공은 자연스럽게 직원 개인의 자아실현 욕구까지 채워준다는 것이다.

내가 고객 접점 부서에 근무하던 시절, 고객 만족의 이유에 대해 물어보면 항상 돌아오는 대답은 '고객이 있어야 우리가 있다'였다. 직설적으로 이야기하는 상사는 '고객이 구매를 해줘야 우리 회사가 존재할 수 있고, 회사가 존재해야 직원들이 생계를 이어갈 수 있다'라고도 했다. 이런 주장은 매슬로의 욕구 5단계 중 가장 하위 욕구에 기반하고 있다. 나와 내 동료들을 오로지 생계를 위해 일하는 사람으로, 회사는 그저 생존을 위한 곳으로 만들어버리는 주장인 것이다. 회사가 맹목적으로 고객 만족을 추구할 경우에 직원은 일터의 자부심이나 소속감을 느끼기 어렵다.

회사의 미션과 비전, 가치들을 고객 접점에 있는 직원들은 왜 느끼기 어려울까? 아마도 공감하지 못하기 때문일 것이다. 직원들은 회사가 추구하는 가치를 실제적인 의사 결정, 업무 방향, 서비스 교육이나 지침에서 느끼기 힘들다. 말뿐인 가치, 직원들에게 공감받지 못한 가치는 없는 것이나 다름없다. 공감의 부재는 가치의 부재를 가져오고, 일터의 의미를 '생존의 터전'으로만 축소시킨다. 결국 '어떻게 가치를 전달한 것인가?'라는 물음은 '어떻게 공감할 수 있을까?'로 이어지게 된다.

chapter
13

공감 :
직원이 공감하지 않은 가치는 가짜다

2015년 상반기 영화계 최고의 히트작은 윤제균 감독의 〈국제시장〉이다. 누적 관객 수 1,425만 9,192명으로 〈명량〉에 이어 역대 두 번째로 많은 관객을 모았다. 그런데 영화에 대한 평은 극과 극이었다. 아버지 세대의 노력과 애국의 가치를 잘 살린 영화라는 평이 있는 반면, 역사의식이 없는 영화이며 정신 승리라는 악평도 있었다. 영화에 대한 평가가 각 개인의 정치적 스펙트럼과 일치하는 영화였다. 그런데 재미있는 것은 이 영화를 만든 윤제균 감독의 의도였다. 윤제균 감독은 진보 논객들의 영화평과 영화 흥행의 관계를 묻는 인터뷰에서 다음과 같이 말했다.

Q 솔직히 말해보자. 허지웅, 진중권 등 논객들의 평가가 몰고 온 정치적 논란이 이번 흥행에 적지 않은 공을 세웠다고 보지

않나?

A 인정한다. 도움이 됐다고 생각한다. 처음에는 너무 당황했다. 패닉이었다. 이런 논란이 있을까 봐 정치색을 뺐는데, 그걸 뺐다고 오히려 더 정치적이라고 공격받을 줄 전혀 예상 못 했으니까. 이 영화에서 내가 보여주고 싶었던 것은 지역과 계층 간의 '소통과 화합'이었다. 그런데 개봉을 하니 되레 '논란과 갈등'이 폭발해버렸다. 그때 굉장히 많은 인터뷰 섭외가 들어왔는데, 거절할 수밖에 없었다. 순수하게 아버지에 대한 헌사로 영화를 만들었는데, 이게 왜 정치적 논란에 휩싸여야 하는지 스스로 이해가 안 됐다. 2주 동안 생각하면서 나름대로 내린 결론은 '이게 바로 영화 아니겠는가'다. 만든 사람의 의도와 보는 사람의 해석이 충분히 다를 수 있는 게 영화라는 콘텐츠라고 결론 내렸다.

– 〈텐아시아〉 2015년 1월 16일 인터뷰

윤제균 감독은 정치색을 뺐으나 정치색으로 논란이 되었다. '소통과 화합'을 위해 만든 영화는 '논란과 갈등'을 폭발시켰다. 만든 사람의 의도와는 전혀 다르게 받아들여졌다. 〈국제시장〉이 감독의 의도와 다르게 논란을 불러일으킨 가장 큰 이유는 대상 관객층이 넓다는 것이다. 〈국제시장〉은 12세 이상 관람가 영화다. 12세 이상의 모든 국민이 이용할 수 있는 콘텐츠이고 그만큼 다양한 정치색을 가진 사람들이 영화를 관람했다. 만약 이 영화가 청소년을 위한 교육 영화 혹은 예비군들을 위한 영화, 극단적으로는 30세에서 35세 사이의 관객만 볼 수 있는 영화였다면 어쩌면 이런 논란이 없었을지도 모른다.

아마도 감독은 특정 계층의 관점과 감정을 공감하며 콘텐츠를 만들었을 것이고, 좀 더 명확하게 자신의 메시지를 전달했을 것이다.

영화만 그런 것이 아니다. 일상적인 대화도 상대방에 대한 이해와 공감이 없는 경우에는 말하는 의도를 오해하여 갈등이 발생할 수 있다. 서비스는 영화와 일상 대화의 특징을 모두 가지고 있다. 영화가 약속된 콘텐츠를 제공하는 것처럼 브랜드도 고객에게 약속된 '서비스'를 제공한다. 또한 대화를 할 때처럼 쌍방향 소통이 가능하다. 의도와 달리 오해가 생기는 부분, 혹은 목적과 다르게 받아들여지는 서비스들은 수정할 수 있다. 고객에 대한 공감을 바탕으로 서비스를 디자인해야 하는 이유가 여기에 있다.

브랜드 스토리가 몰락하는 결정적인 이유

무형의 존재인 브랜드나 회사가 고객과 직접 공감을 할 수는 없다. 고객과의 공감 역시 직원의 몫이다. 브랜드의 가치에 직원이 공감하고, 직원은 다시 고객과 공감을 해야 한다. 가치를 전달하는 스토리텔링 서비스에서 성공의 열쇠는 접점 직원들의 공감에 달렸다. 직원들이 가치에 얼마만큼 공감하느냐의 여부는 서비스 성공과 실패를 넘어 회사와 브랜드의 흥망성쇠에까지 영향을 미친다.

《마케터는 새빨간 거짓말쟁이》의 저자 세스 고딘은 미국의 아이스크림 콜드스톤이 몰락한 이유를 스토리의 몰락에서 찾았으며, 직원들이 콜드스톤의 가치에 공감하지 못하게 된 것을 그 배경으로 보았다.

콜드스톤 회사 강령

평범한 냉동 디저트에 작별을 고하고 디저트계의 새로운 장을 연다. 사람들을 행복하게 만드는 것을 제1의 사명으로 삼는다면 잘못될 일이 뭐가 있겠는가? 우리 콜드스톤 크리머리의 사명은 얼티미트 아이스크림 익스피리언스Ultimate Ice Cream Experience를 전달함으로써 사람들의 얼굴에 미소를 심어주는 것이다.

세스 고딘이 보기에 콜드스톤은 성공적으로 고객에게 행복한 경험을 제공했다. 원하는 토핑을 직접 고르게 하고 모든 직원들이 손님 앞에서 함께 노래를 부르면서 말이다. 46개 주에 지점이 생기고, 사람들은 슈퍼마켓에서 파는 아이스크림보다 훨씬 더 비싼 값을 치르면서도 먼 거리를 달려가 콜드스톤이 제공하는 경험을 즐겼다. 그러나 콜드스톤이 성장에 집중하면서부터 창업자가 추구했던 가치는 서서히 힘을 잃어갔다. 직원들은 여전히 노래를 부르지만, 자신이 왜 그런 노래를 부르는지 모르겠다는 표정으로 영혼 없이 소리를 냈다. 행복한 이야기를 전파하고자 한 콜드스톤의 사업을 일부 대리점들은 그저 아이스크림 판매로 생각했고, 직원들도 가치에 대한 공감 없이 서비스를 제공하게 되었다. 고객들의 경험은 거짓으로 채워진 셈이다.

필립 코틀러는 그의 저서 《마켓 3.0》에서 가치를 중요시하는 직원들은 '가치와 일치하는 일상적인 행동'을 만들어내고, 이 행동들은 고객과의 상호작용에서 더욱 두드러지게 나타난다고 말했다.

> "이들의 가치 중심의 직원 일거수일투족은 고객이 대화로 옮겨놓게 될 브랜드 스토리의 일부가 될 것이다. 기업들은 직원들을 가치를 전달하는 홍보사절로 여겨야 한다. 소비자들은 다른 누구도 아닌 직원을 보고 그 기업의 진실성을 판단하기 때문이다."[19]

그렇다면 직원들이 가치에 대해 공감하게 하기 위해서는 어떻게 해야 할까?

19 《마켓 3.0》, 필립 코틀러 지음, 타임비즈, p.131

chapter
14

공감 :
매뉴얼보다 중요한 서비스 아이덴티티

인간은 언어로 표현되지 않은 것들은 인식하기 힘들다. 브랜드의 가치가 추상적이라면 직원과 고객들이 이해할 수 있는 쉽고 구체적인 언어로 표현해야 한다. 가치를 언어로 표현하려면 우선 가치를 담은 명쾌한 문장을 만들어야 한다. 이때 문장이 꼭 과업이나 지향이어야 할 필요는 없다. 존슨앤존슨의 '고통과 괴로움을 완화한다', BMW의 '운전의 즐거움을 제공한다', 디즈니의 '상상력을 발휘해 많은 이에게 행복을 선사한다'처럼 하나의 문장으로 쉽게 의미를 공유할 수 있어야 한다. 회사의 규모가 크거나 조직이 분산되어 있어서 이러한 문장을 만들기 힘들 경우에는 접점 조직 내에서만 활용되는 '서비스 선언문'을 만드는 것도 좋은 방법이다.

브랜드의 가치를 담은 서비스 선언문은 회사와 직원들 사이에 공감대를 형성하며, 일의 가치를 떠올려준다. 또 서비스의 상태를 항상 점검하는 거울과 같은 역할도 한다. 미국 해안경비대의 좌우명은 '셈페르 파라투스Semper Paratus – 항상 준비된 상태'라고 한다. 이 좌우명은 그들의 정신왜? 을 구체화한 것으로서, 그들의 서비스 방식을 나타내는 선언문이다. '항상 준비된 상태'라는 것은 서비스를 제공하는 해안경비대의 존재 이유가 되기도 한다. 또 구조대원들에게는 직무를 수행함에 있어 어떤 태도를 가져야 하는지 상기시켜준다.

한 단계 더 깊이 들어가게 되면, '항상 준비된 상태'로 '무엇'을 하려고 하는지 스스로 질문하게 만든다. 이 정신에 공감하는 사람들이 구조대원이 되는 것이다. 또한 이 신념은 업무를 수행하면서 발생하는 모든 어려움과 위험을 극복하게 만드는 원동력이 된다. 그러면 이 좌우명을 접한 국민들은 어떤 마음이 들까? 내가 위급한 상황에 처하더라도 그들만은 도와줄 준비가 되어 있을 거라 기대하게 된다. 해안경비대에 어울리는 가치라고 공감하며 그들을 신뢰할 것이다.

선언문은 길어서도 안 되고 모호해서도 안 된다. 단순하고 명확하게 의미를 전달해야 한다. 직원뿐만 아니라 고객에게도 가치를 전달해야 하기 때문이다.

매뉴얼로 통제하지 않고, 스토리로 판단하게 한다

행동 기준이 될 수 있는 '핵심 가치 문서'를 만들어도 좋다. 핵심 가치 문서는 기업이 나아가고자 하는 방향으로 전체 직원을 묶을 수 있는 기준이 된다. 가치를 단순한 문장으로 정리하면 회사의 방향성을 공유하고 공감대를 형성하기에 적절하다. 하지만 실제 업무에서 의사 결정을 하거나 회사 생활에 변화를 도모하려 할 때는 모호할 수 있기 때문에, 더 구체적인 문장이나 단어로 표현하고 공유할 필요가 있다.

세계적인 온라인 신발 판매 업체 자포스의 CEO 토니 셰이는 자포스의 성공 요인을 고객 서비스, 기업 문화, 직원 교육과 계발이라고 보았다. 고객 서비스가 자포스의 브랜드 가치를 올려주었다면, 기업 문화는 자포스 브랜드의 근간이 되는 핵심 가치를 만들었다. 토니 셰이는 핵심 가치를 좀 더 명확하게 정리하여 공유하는 작업을 한다.

그가 이 작업을 시작한 것은 자포스 문화에 맞는 지원자를 채용하기 위해서였다. 현재 자포스 문화를 대표하는 직원들과 그들이 체화하고 있는 덕목이 무엇인지는 물론이고, 전·현직 직원 중에서 자포스 문화와 어울리지 않는 직원들에 대해서도 정리했다. 이런 과정을 통해 37가지의 가치를 추출했고, 전 직원과 1년 동안 이메일을 주고받은 끝에 최종적으로 10가지 핵심 가치를 결정했다. 10가지 핵심 가치를 정하기 전에는 '컬쳐북'이 자포스 문화를 공유하고 있었다. 컬쳐북은 '자포스 문화가 당신에게 어떤 의미인가?'라는 질문에 100자에서 500자 정도로 답변한 글을 모아놓은 책이었다. 나중에는 자포스 문화를 상징할 수 있는 사진도 집어넣었고, 직원과 협력 업체뿐만 아니라 고객들까지 제작에 참여하기 시작했다. 자포스의 핵심 가치는 아래와 같은 단계를 통해 이루어진다.

문화의 형성→스토리 수집→스토리 공유(컬쳐북)→핵심 가치 선정→

핵심 가치 공유 → 문화에 영향 → 스토리 수집 → 스토리 공유(컬쳐북)

자포스 핵심 가치 문서[20]

자포스의 미션 : '와우를 체현하며' '와우' 서비스를 제공한다

회사가 성장하면서 우리의 문화와 브랜드, 그리고 비즈니스 전략을 도출하는 데 필수적인 자포스의 핵심 가치를 명료하게 정의하는 것이 점점 중요해지고 있습니다. 성장과 더불어 모든 직원들이 자포스의 본질에 대한 이해를 같이하며 그러한 본질에 일치하는 행동을 하기를 원하는 바입니다.

(중략)

우리에게 중요한 덕목들이 매우 다양하고 많지만 그중 가장 중요한 요소들을 추려 다음과 같은 10가지 핵심 가치를 선정했습니다.

1. 서비스를 통해 '와우' 경험을 선사한다
2. 변화를 적극 수용하고 추진한다
3. 재미와 약간의 희한함을 창조한다
4. 모험 정신과 독창적이며 열린 마음을 유지한다
5. 성장과 배움을 추구한다
6. 적극적으로 의사소통하며 솔직하고 열린 관계를 구축한다
7. 긍정적인 팀 정신과 가족 정신을 조성한다
8. 좀 더 적은 자원으로 좀 더 많은 성과를 낸다
9. 열정적이고 결연한 태도로 임한다
10. 겸손한 자세를 가진다

원칙적으로 직원들끼리 대응할 때, 고객을 상대할 때, 관련 업체와 비즈니스 제휴자들을 응대할 때 등등 우리가 하는 모든 일에 이 핵심 가치가 반영되기를 바랍

20 《딜리버링 해피니스》, 토니 셰이 지음, 북하우스, p.230

니다. 할 일이 정말 많습니다. 10가지 핵심 가치가 우리의 사고방식과 행동 방식, 그리고 의사소통 방식에 진실로 반영되기까지는 상당한 시간이 걸릴 것입니다.

(중략)

직원 여러분께 부탁합니다. 회사에서 행해지는 모든 것을 재점검하고 우리의 핵심 가치를 제대로 반영하기 위해서는 어떤 변화가 필요할 것인지 스스로에게 물어보세요. 예를 들면 직원 핸드북을 좀 더 자포스답게, 다른 회사에서 흔히 볼 수 있는 직원 핸드북과는 차별되도록 개선할 수도 있겠죠. 회사 내부 서식이나 입사 지원서, 우리가 사용하는 이메일 서식, 웹사이트 여러 부분 등을 포함한 정말 많은 것들을 좀 더 자포스답게, 그리고 우리 핵심 가치를 더 훌륭하게 반영하도록 개선할 수도 있겠습니다.

자포스의 핵심 가치는 자포스 문화의 씨앗이 되었고 열매를 맺기 위해 채용, 교육, 인사 운영에 변화가 이어졌다. CEO부터 신입 사원들까지 모두 핵심 가치를 체화하기 위한 트레이닝에 참여했다. 업무 평가에 있어서도 핵심 가치에 근거하기 시작했다. 하드웨어적인 변화뿐만 아니라, 소프트웨어적인 변화도 함께 추구했다. 인사팀에서는 핵심 가치가 인쇄된 메모지 등을 판매했고 사내 곳곳에 핵심 가치를 적은 현수막과 포스터를 붙였다. 또 희망자들을 모아서 이를 테마로 사내 퍼레이드를 진행했다.

무엇보다 가장 큰 변화는 핵심 가치를 업무 판단 기준으로 권유한 것이다. 고객 접점에서 의사 결정을 할 때, 매뉴얼이 아니라 핵심 가치를 중심으로 판단하도록 권장했다. 매뉴얼로 행동을 통제하기보다 핵심 가치로 관점을 통일하기 위해서였다. 이 모든 노력들이 가치를 공유할 수 있는 언어로 정의하는 일에서 시작되었다.

chapter
15

공감 :
기업 문화에 가장 잘 맞는 인재를 얻는 방법

자포스 매출의 75퍼센트는 단골 고객들에게서 나온다. 자포스가 신발을 가장 싸게 파는 곳은 아니지만, 고객들은 유쾌한 구매 경험에 이끌려 단골이 된다. 무료 배송으로 나흘이 걸린다고 안내한 후 이튿날 배송을 하고, 구매와는 상관없는 개인적인 이야기를 나누고, 피자를 먹고 싶다고 하면 피자집 전화번호를 안내해준다. 재고가 떨어졌을 경우에는 경쟁사 사이트를 검색해서 알려주기도 한다. 직원들이 자포스라는 기업의 서비스 문화에 전적으로 동참하기 때문에 이러한 고객 서비스가 가능하다.[21]

이러한 문화는 채용에서부터 시작된다. 자포스의 면접은 두 가지 부분으로 이루어진다. 하나는 기술과 업무 능력이고 또 하나는 자포스의 핵심 가치와 얼마나 잘 맞는가 하는 점이다. 10가지 핵심 가치

21 《경영의 이동》, 데이비드 버커스 지음, 한경비피, p.96

는 기업 문화와 맞는 신입 사원을 선발하는 데 가장 중요한 기준이 된다.

토니 셰이는 회사의 매출과 순익에 도움이 될지라도, 기업 문화에 맞지 않는 인재는 채용하지 않는다. 그뿐 아니라 기업과 맞지 않는 인재의 퇴사를 권유하기 위해 퇴직 보너스 제도를 운영한다. 입사가 확정되고 나서 기본 교육 기간 중 회사를 그만두게 되면 4,000달러의 보너스를 받는다.

자포스를 인수한 아마존은 이 제도 역시 받아들였다. 아마존의 물류창고 직원들은 기본 교육 기간뿐만 아니라 해마다 이 같은 제안을 받는다. 첫해에는 2,000달러를, 현재는 5,000달러를 제안받고 있다. 인기 온라인 게임 '리그 오브 레전드'의 제작사인 라이엇게임즈는 최대 2만 5,000달러의 퇴사 보너스 제도를 운영하고 있다.

《경영의 이동》 저자 데이비드 버커스에 의하면 퇴사 보너스 제도의 효과는 크게 두 가지다. 첫째로 매몰 비용 오류를 극복할 수 있다. 사람은 비용과 노력을 들였을 경우, 안 좋은 결과가 예상되더라도 쉽게 포기하지 못한다. 일자리에서도 비슷하다. 원서를 내고 면접을 보고 교육까지 거친 후에는 일자리가 자신에게 맞지 않는다는 것을 알아도 그만두기 힘들다. 일자리가 자신에게 맞지 않는다고 느끼는 것은 업무의 내용과 기업 문화 때문이다. 만약 고객 서비스 접점에서 근무하는 직원이 이런 느낌을 갖고 있다면 서비스 품질에 영향을 미치게 된다. 서비스를 통해 전달해야 할 가치 자체가 자신에게 맞지 않을 경우, 콜드스톤 직원들이 그랬던 것처럼 자판기 수준의 서비스를 제공할 수밖에 없다. 퇴사 보너스는 이들이 매몰 비용 오류에서 벗어날 수 있는 기회를 제공한다.

둘째는 '결정 후 인지부조화'를 이용한 기업 문화 몰입 혹은 퇴사 유도다. 사회심리학자 잭 브렘은 여학생 225명에게 가전제품을 평가하도록 했다. 그 후 자신이 평가한 두 개의 물건 중 하나를 선물로 가져가게 했다. 이어진 실험에서 브렘은 가전제품을 한 번 더 평가하도록 했다. 대부분의 참가자는 자신이 선택한 제품에 더 높은 점수를 주었다. 인간은 어떤 결정을 한 후에, 자신의 결정에 맞추어 생각을 합리화하는 경향이 있다. 《상식 밖의 경제학》의 저자 댄 애리얼리는 자포스의 퇴직 보너스에 대해 다음과 같이 설명했다.

> "그 4,000달러를 거절한 다음 날 아침, 당신은 이렇게 생각할 것입니다. '와! 그 많은 돈을 거절하다니, 내가 정말 회사를 좋아하나 보다!'라고요."[22]

퇴사 보너스의 핵심은 기업 문화에 맞지 않는 직원들을 걸러내고, 남아 있는 직원들에게는 회사에서 일하는 이유를 생각해보게 하는 것이다. 특히 반복적으로 퇴사 보너스를 제안하는 아마존 같은 경우에는 회사에서 일하는 이유와 초심을 되새기게 하는 효과가 있다.

22 같은 책, p.104

능력이 좋은 사람 Vs. 가치를 공유할 수 있는 사람

퇴사 보너스처럼 매몰 비용의 오류와 인지부조화를 극복하려는 노력은 다양하게 시도되고 있다. 특히 자포스처럼 서비스가 교육에 의해 강제된 것이 아니라 문화로 자리 잡은 기업, 서비스 경쟁력이 핵심인 기업에서는 채용 단계에서부터 기업 문화와 맞는 인재를 선발해야 한다. 구직자와 회사가 처음 만나는 자리에서 회사의 가치를 명확하게 드러내는 것은 구직자에 대한 일종의 메시지가 된다.

러쉬 코리아는 채용 과정에서 강한 메시지를 전달하는 회사다. 2016년 러쉬 코리아는 '러쉬 아워Lush Hour'라는 이름으로 공채를 진행했다. 이때 특이하게도 자기소개서 대신 100초 동영상을 받았다. 면접은 막내 직원들이 진행하고 안내와 청소를 대표와 임원이 맡았다. 러쉬는 '행복한 사람이 행복한 비누를 만든다'는 비전을 가지고 있다. 그에 걸맞게 공채 행사 주제도 '러쉬 코리아와 함께 행복한 하루를 선물하다'였다. '러쉬 아워'는 팀워크 강화를 위한 강연, 웃음치료사의 강연과 막내 직원들의 면접 등으로 구성됐다.

채용은 본질적으로 경쟁적일 수밖에 없다. 하지만 러쉬는 취업 준비생들 입장에서 가장 경쟁이 치열한 장소마저 가장 러쉬다운 색깔로 물들였다. 능력이 좋은 사람이 아닌, 가치를 공유할 수 있는 사람을 채용하기 위한 행사였다. 취업 준비생들에게 이보다 더 강한 메시지는 없을 것이다.

영국의 러쉬 본사가 현재의 러쉬 코리아를 파트너로 선택할 때도 이와 비슷했다. 사업 파트너를 결정하는 심사에 1년이 넘게 걸렸으며, 최종 사업자를 선정하기 전에 한국의 후보자들을 만나서 이들이 러쉬의 철학과 가치에 얼마나 부합하는지 살폈다고 한다.

한국에 파견된 공동 창업자 버드 씨가 러쉬 코리아 우미령 대표와 함께 국내 시장 투어를 하는 동안 끊임없이 던진 질문의 주제는 '어떻게 생각하는가how you think'로 수렴됐다.[23] '무엇을 가지고 있는가what you have'는 뒷전이었다. 동물 보호에 대해 어떻게 생각하는지, 이익과 이념이 충돌할 때 어떤 쪽을 택할 것인지를 직간접적으로 묻고 평가했다. 러쉬 코리아의 탄생 배경을 알고 있다면 러쉬의 공채 행사가 특이하기보다 자연스럽게 느껴질 것이다.

러쉬 코리아가 짧고 강하게 자기 색깔을 전하면서 채용을 한다면, '청년장사꾼'은 충분한 시간을 두고 자신들의 문화와 가치를 공유한다. 청년장사꾼과 함께 하기 위해서는 12주란 기간이 필요하다. 우선은 청년장사꾼의 '2주 장사 프로젝트'를 수료해야 한다. 2주 동안 서비스, 인테리어, 매장 운영, 아이템 분석, 프로모션 등 장사에 관한 모든 것을 배울 수 있다. 단순히 채용만 하는 것이 아니라 장사 노하우를 공유함으로써 사회에도 공헌하는 것이다. 경영의 효율성만 생각하면 결코 운영할 수 없는 제도이다. 2주마다 새로운 신입 사원을 받고 매번 OJTOn the Job Training, 직장 내 직무 훈련를 시키는 것은 매우 번거로운 일이다. 그럼에도 불구하고 계속하는 이유는 청년장사꾼의 문화에 맞는 멤버 선발과 사회 공헌 활동이라는 측면 때문이다.

---

23 〈동아비즈니스리뷰 no.181〉, 김현진 & 홍성태 씀, 동아일보사, p.77

두 번째는 10주 인턴이다. 2주 장사 프로젝트 종료 후에는 10주간의 인턴 과정을 거쳐 정직원을 선발하게 된다. 선발 기준은 기존 멤버와 조화를 이룰 수 있는가이다. 업무 능력이나 판매 능력을 우선적으로 보는 것이 아니라, 청년장사꾼의 문화에 얼마나 잘 적응할 수 있는지를 먼저 보는 것이다.

자포스, 러쉬, 청년장사꾼이 직원의 채용에 이렇게 신경을 쓴 것은 서비스에서 직원의 중요성이 얼마나 큰지 잘 알고 있기 때문일 것이다. 브랜드와 회사의 가치에 공감하는 사람이 직원이 된다면 그는 자연스럽게 고객 서비스에 가치를 담게 된다. 또한 교육과 강요에 의한 서비스가 아니라 자발적 공감에 의한 서비스를 제공할 것이다. 능력이 좋은 사람보다 가치에 공감하는 사람을 채용하는 것이 더 도움이 된다.

chapter
16

공감 :
서비스 교육을 하지 않아도 잘되는 회사

채용이 구직자들을 향한 메시지라면, 교육은 직원들을 향한 메시지이다. 회사가 무엇을 중요시하고 어떤 방향으로 가려고 하는지는 교육 내용뿐 아니라 구성만 보아도 알 수 있다. 단순한 고객 만족을 목표로 하는 회사와 가치 전달을 목표로 하는 회사는 교육 과정 구성이 다를 수밖에 없다. 고객 만족을 목표로 하면 서비스를 체화하는 데 집중하고, 가치 전달을 목표로 하면 가치를 체화하는 데 집중한다.

서비스가 가치 전달 도구인 경우 서비스는 교육해야 하는 것이 아닌 '문화' 그 자체가 된다. 따로 배우는 게 아니라, 동료들과 동화되며 따라 하게 된다.

얼마 전 나는 명동에 있는 러쉬 플래그십 매장[24]을 방문했다. 한 직

24 플래그십 매장(flagship store): 기업이 주력 상품을 중심으로, 브랜드의 성격과 이미지를 극대화하여 보여주는 매장. 소비자들에게 기준이 될만한 트렌드를 제시한다.

원이 밝은 표정으로 다가왔다.

"안녕하세요. 뭐 찾으시는 것 있으세요?"

적극적이지만 부담스럽지 않은 접근이었다. 러쉬 매장 직원들은 말을 걸 때 1.5미터 정도 거리를 둔다. 친밀 영역[25]으로 갑작스럽게 들어와 부담을 주지 않는다.

"얼굴 씻는 비누 사러 왔어요."

러쉬에 처음 방문한 듯한 인상을 주기 위해 제품명을 말하지 않고 비누라고 말했다.

"아, 그건 2층에 있어요. 같이 가시죠."

당당하고 자신 있는 태도를 보며, 역시 플래그십 매장에 근무하는 직원은 다르다는 생각이 들었다. 2층에 있는 비누를 보면서 하나씩 물어봤다.

"이건 뭘로 만든 거예요?"

"아, 그거 아보카도로 만들었어요."

약간은 간단하게 설명한다. 다시 물어봤다.

"이건 또 뭘로 만들었어요?"

"잠시만요."

그 직원은 질문 대부분을 옆 직원들에게 물어보면서 대답해줬다. 그러고는 나에게 속삭이듯 이야기했다.

"실은 저, 오늘 처음 출근했어요."

"네? 그러면 교육은요?"

---

25 미국의 인류학자 에드워드 홀은 인간관계를 거리에 따라 분류했다. 이에 따르면 아주 친밀한 사이는 46센티미터 이하, 친밀한 사이는 46~120센티미터, 사회적인 거리는 1.2~3.6미터, 공적인 거리는 3.6~7.6미터 정도가 된다.

"브랜드 가치 교육인가, 그것만 받고 너무 바빠서 바로 투입됐어요."

"그런데 처음 출근하시는 분이 어떻게 다른 직원들이랑 똑같이 응대를 하실 수 있죠?"

"다른 직원들도 다 이렇게 하던데요?"

나와 대화했던 직원은 구체적인 응대 교육을 받지 않았지만, 다른 직원들과 동일한 응대를 보여주었다. 러쉬의 주요 교육은 크게 세 가지가 있다(표 2 참조). 처음 출근했다던 직원은 프로덕트 트레이닝 없이 브랜드 인트로덕션 교육만 받은 채 현장에 투입됐을 것이다.

교육 종류	타깃	내용	목적
브랜드 인트로덕션	처음 입사한 모든 직원 (본사/매장)	브랜드 전반에 대한 내용 (창립 스토리, 이념, 경영 철학, 핵심 가치 등)	'러쉬'라는 브랜드에 대한 전반적인 이해를 돕기 위함
프로덕트 트레이닝	전 직원 (본사/매장)	제품 특징 및 전문 지식(스킨/헤어/바디/퍼퓸 등 각 분야의 지식과 제품 특징을 교육)	고객 한 사람에게 올바른 제품을 추천하고, 그 제품으로 효과를 볼 수 있도록 하기 위함
소프트스킬 트레이닝	전 직원 (본사/매장)	조직 내 필요한 역량 개발 (컨설테이션, 타임매니지먼트, 커뮤니케이션, 팀워크, 리더십 등)	자신과 타인, 서로를 인정하고 이해하여, 궁극적으로 '사람'을 이해하기 위함

표 2 **브랜드 교육의 종류**[26]

26 《유니타스 브랜드 Unitas Brand Vol.B : 브랜드 내재화》, 유니타스브랜드 편집부 씀, 에스티유니타스, P.144

그럼에도 처음 출근한 아르바이트생이나 10년 넘게 근무한 베테랑 점장에게서 찾아볼 수 있는 차이는 지식뿐이었다. 서비스가 문화로 정착된 기업에서는 제품에 대한 지식 차이는 있어도 고객을 대하는 태도에는 차이가 없다.

지금 하고 있는 일은 회사 일인가, 내 일인가

청년장사꾼도 러쉬 코리아와 유사한 면이 있다. 현장에서 만나볼 수 있는 교육생들은 가장 기본적인 운영 매뉴얼과 응대 교육만 받는다. 서비스 기술을 익힐 수 있도록 반복적으로 교육하고 훈련하지 않는다. 2주간 장사학교 교육을 받은 뒤 현장에 투입된 인턴들의 서비스에서는 개성의 차이가 보일 뿐, 경력의 차이는 크지 않아 보인다. 인사말, 인사하는 타이밍, 멘트 등 모든 것이 규정된 서비스라면 몸이 기억하는 사람과 머리로 겨우 기억하는 사람에게서 당연히 차이가 날 수밖에 없다.

하지만 서비스가 문화인 청년장사꾼에서는 행동을 통일하지 않아도 분위기가 통일된다. 구체적인 방법은 현장에서 선배들을 보며 자연스럽게 익힌다. 기본적인 인사, 연령별 성별 손님 응대, 기분이 좋아 보이는 손님에게 거는 농담, 이들의 서비스를 부담스러워하는 손님 응대 기술 등을 동료들에게서 배운다. 이는 매뉴얼로 일일이 규정하거나 교육하기 힘든 것들이다. 동료들에게 배울 수 있는 기회는 청년장사꾼 매장에만 있는 것이 아니다. 다른 산업, 다른 회사의 모든 매장에서도 동료를 통해 배울 수 있는 기회는 항상 있다.

직원들은 고객 접점에서 수많은 대화를 하고 결정을 한다. 이 결정을 어떻게 이끌 것인가가 서비스의 핵심적인 문제다. 모든 상황을 정의한 매뉴얼과 지침을 내려줄 것인가, 모든 상황을 포괄할 수 있는 가치와 문화를 공유할 것인가 선택해야 한다. 청년장사꾼이나 러쉬 코리아는 가치와 문화를 공유했다. 본사에서는 가치 교육에 집중하고, 현장에서는 OJT가 이루어진다.

가치와 문화의 공유로 서비스 교육을 대신하기 위해서는 직원들의 마인드도 중요하다. 내 일인가 남의 일인가, 나에게 의미 있는 일인가 회사에만 의미 있는 일인가, 단순히 매출을 올리기 위한 일인가, 가치를 전달할 수 있는 일인가 등이다. 러쉬 코리아와 청년장사꾼 직원들은 생각하는 방식이 약간 다르다.

러쉬 코리아는 브랜드의 가치에 집중했다. 매장에 직원을 투입하기 전, 제품 교육은 하지 못해도 브랜드 가치 교육만큼은 한다. ‘나는 단순한 판매원이 아니라 가치 전달자’라는 것을 깨닫게 한다. ‘무엇’ 서비스 을 일치시키기 위해 노력하기보다는 ‘왜’를 일치시키는 데 주력한다. 명동 플래그십 매장에서 만난 직원은 ‘왜’를 공유한 상태에서 출근해, ‘무엇’은 다른 직원들에게 배운 셈이다.

청년장사꾼은 회사의 일을 ‘내 일’로 만듦으로써 직원들이 몰입하게 하고, 현장에서 교육이 이루어질 수 있도록 이끌었다. 이들은 직원들의 비전을 회사의 비전에 가두지 않는다. 개인이 지향하는 바를 인정하고 발전을 장려한다. 청년장사꾼에 들어오는 직원들 중에는 향후 장사를 하려는 사람이 많다. 그들에게 회사는 본격적인 장사를 시작하기 전에 경험하고 배우는 곳이다. 회사가 개인의 가치를 실현하는 장이 되면 회사 일이 곧 내 일이 된다. 청년장사꾼의 직원들이 별도로 서비스 교육을 받지 않아도 동료들로부터 배우며 성장할 수 있는 것은, 지금 내가 하는 일이 회사 일인 동시에 내 일이기 때문이다.

chapter
17

공감 : 세상을 이롭게 만드는 데 어떻게 공헌할 것인가

고객 접점에서 가치를 전달하는 것은 굉장히 어려운 일이다. 매일같이 다른 사람을 만나고, 대화하는 일 자체가 많은 에너지를 필요로 한다. 특히 '고객 만족', '고객은 왕'이라는 생각을 가진 고객이라도 만나면, 응대하기도 힘들고 자존감도 떨어진다. 고객 접점 근무는 여러 측면에서 피로도가 높다. 까다로운 근무 환경에서 가치 전달 서비스를 하려면 직원부터 가치가 체화되어 있어야 한다. '가치를 전달해야지'라고 의식적으로 생각해서는 불가능하다. 몸에 배어 있어야 자연스럽게 발산할 수 있다.

스토리텔링 서비스 기업들에게 사회 공헌 활동은 중요한 가치 전달 도구이자 가치 체화 수단이다. 중요한 일이지만 강제성은 없다. 직원들의 자발적인 참여를 통해 진행하며, 참여하는 직원들에 대한 배려도 돋보인다.

스타벅스 코리아는 사회 공헌 활동을 진행할 때 파트너Partner[27]를 먼저 생각한다. 공익이라는 명분 아래 파트너들에게 인내나 희생을 강요하지 않는다. 사회공헌팀에서는 파트너들이 즐겁게 참여할 수 있도록 항상 고민하고, 참여한 파트너들의 의견을 적극적으로 반영한다. 한 예로 덕수궁 야간 개방 때 스타벅스 파트너들이 안전요원을 맡았다. 텀블러를 가져오면 커피를 무료로 제공하는 행사도 함께 열었다. 파트너들의 호응은 뜨거웠다. 참여하고 싶다는 파트너들이 늘어나 경복궁 야간 개방 때도 봉사 활동을 진행했다.

파트너들은 자발적으로 공헌 활동에 참여한다. 선발된 사람들은 '당첨되었다'라고 표현할 정도이다. 고객 접점에서 직원이 자리를 비우면, 그만큼 다른 직원들이 더 일해야 한다. 더구나 스타벅스의 봉사 활동은 업무와 시간이 겹치기 때문에, 일반적인 경우라면 동료와 점장의 눈치를 볼 수밖에 없다. 하지만 스타벅스는 점장들이 파트너들을 대신해서 봉사 신청을 할 정도로 공헌 활동 참여에 적극적이다. 물론 업무에 공백은 생기지만, 파트너들이 느끼는 조직에 대한 몰입감과 자부심이 이러한 공백을 상쇄하고도 남는다. 게다가 이러한 활동을 통해 파트너는 회사가 이야기하는 가치의 진정성을 체화하게 된다.

고객에게 진정성 있는 가치를 전달하기 위해서는 직원이 우선 회사가 지향하는 가치의 진정성을 굳게 믿어야 한다. 의심하는 가치는 전달할 수 없다. 사회 공헌 활동을 통해 파트너들은 스타벅스 사명의 진정성을 느낀다. 이들이 다시 고객들에게 스타벅스 경험을 전달한다. 즉, 사회 공헌 활동이 씨앗 역할을 하는 셈이다.

---

27 스타벅스에서 직원을 부르는 명칭이다.

스타벅스의 대표적인 사회 공헌 활동

1. 재능기부카페

스타벅스가 가장 잘하는 것은 카페를 열고, 커피를 내리고, 카페를 운영하고, 고객들에게 서비스를 제공하는 것이다. 스타벅스는 바리스타 교육과 카페 단장에 필요한 제반 비용을 담당하고, 협력사들은 인테리어나 시설 공사를 제공했다. 함께한 협력사들은 모두 적극적으로 참여 의사를 밝힌 곳이다. 카페는 주로 고연령층, 장애인, 취약계층 여성과 청소년들이 운영하는 곳이다. 자립할 의지는 있으나 여건이 되지 않는 이들을 집중적으로 지원한다.

2. 커뮤니티 스토어

현재 대학로에 있다. 커뮤니티 스토어에서 커피 한 잔이 판매될 때마다 300원씩이 청년들의 후원금으로 사용된다. 등록금 지원, 리더십 교육 등이 진행되며, 스타벅스 직원들이 청년들과 함께 봉사활동에 참여한다.

3. 카페 프랙티스

현재 전 세계에서 공정 무역 원두를 가장 많이 구매하는 브랜드는 스타벅스다. 스타벅스는 공정 무역 원두를 가장 많이 지원할 뿐만 아니라, 카페 프랙티스라는 제도를 통해서 농가를 직접 지원하기도 한다. 대출을 지원해주고, 시세보다 높은 가격으로 커피를 구매한다.

4. 커피박 찌거기 의 활용

커피 찌거기로 비료와 활성탄을 만든다. 커피박에는 유기물이 많이 포함되어 있어서 좋은 퇴비 재료가 되는데, 가격이 비싸다. (일부 커피 브랜드에서는 판매를 하고 있다.) 스타벅스에서는 전국 30만 평에 뿌릴 수 있는 퇴비를 만들어 농가에 무료로 나누어 주고 있다. 농가에서는 이 퇴비로 농사지은 옥수수, 감자, 고구마 등을 다시 스타벅스에 납품한다. 겨울철 가장 큰 걱정 중 하나는 난방비용이다. 활성탄 지원은 농가에 큰 도움을 준다. 커피박을 수거하고 활성탄을 배포하는 데 드는 물류비가 큰 부담이 될 수 있지만, 이웃을 생각한다는 사명 아래 지속적으로 배포하고 있다.

브랜드의 내러티브를 내재화하는 도구

청년장사꾼의 3대 주요 사업은 '요식업', '교육 사업', '지역 사업'이다. 사회에 공헌하는 활동을 부수적인 것이 아니라 주요 사업 중 하나로 여긴다. 수익만을 생각한다면 '요식업'에 집중하는 것이 옳다. 그렇지만 '모두가 함께 잘살기'라는 이념을 실현하기 위해서 '교육 사업'과 '지역 사업'을 결코 놓지 않는다.

교육 사업의 핵심은 '청년장사꾼 2주 장사 프로젝트'이다. 2주 동안 서비스, 인테리어, 매장 운영, 아이템 분석, 프로모션, 지역문화 기획, 재고 관리, 일대일 멘토링, 실전 장사, 메뉴 이해, 개발, 상권 분석 등을 교육한다. 중요한 회의와 프로모션 등도 모두 참여할 수 있도록 문을 열어두었다. 프로그램 참가자들은 준비 없이 창업했다가 실패하는 위험을 피할 수 있다. 청년장사꾼을 통해 미리 치열하게 경험함으로써 자신들이 '장사를 잘할 수 있는지' 생각해보게 되는 것이다. 또한 다른 분야를 선택하더라도 이 시간 동안 쌓은 경험을 살릴 수 있다는 기대감도 있다.

이 프로그램의 가장 큰 수혜자는 10주간의 인턴을 거쳐 청년장사꾼에 합류하는 이들과 이때 배운 노하우를 바탕으로 직접 장사를 하는 이들일 것이다. 현재 98회[28] 진행된 프로그램을 통해서 많은 사람들이 청년장사꾼의 시스템을 벤치마킹할 수 있었다. 심지어는 아이템과 콘셉트를 똑같이 베껴서 장사를 시작한 이들도 있다. 청년장사

28 2017년 2월 말일 기준, http://blog.naver.com/youngseller 참고

꾼이 자신들의 노하우를 아낌없이 전달했기 때문에 가능한 일이다. 이 프로그램은 경쟁자를 키울 위험도 안고 있는데, 그럼에도 불구하고 지속하는 이유가 뭘까? 김윤규 대표는 기업의 사회적 책임이라고 말한다.

> "우리가 장사를 하며 배운 것들을 나눔으로써 불필요한 실패를 조금이라도 덜 수 있다면 하나의 기업으로서 사회적 책임을 질 수 있는 방법 중 하나라고 생각한다. 무엇이든 혼자 할 수 있는 일은 없다. 우리를 찾아와주는 손님들 덕분에 우리가 장사를 할 수 있고, 우리 덕분에 장사를 하고 싶거나 진로를 찾으려는 청년들이 도움을 얻을 수도 있다. 장사라는 업의 본질인 정직함을 잊지 않되 우리가 할 수 있는 다양한 분야에 뛰어들어 길을 개척해간다면, 그러면 비단 우리 멤버들뿐만 아니라 거창하게 말해 사회 전체가 잘 먹고 잘살 수 있는 길도 찾을 수 있지 않을까?"[29]

교육 사업과 함께 '모두 잘 먹고 잘살기'라는 가치를 실현하는 사업은 '지역 사업'이다. 지역과 함께 잘 먹고 잘살기 위한 그들의 노력은 지역 신문, 지역 축제, 죽어가는 상권을 살리기 위한 '열정도 프로젝트' 등의 모습으로 나타난다. 지역을 살리기 위한 첫 번째 노력은 1호점 카페 '벗'이 들어선 이태원 '우사단' 마을을 중심으로 시작되었다. 동네 신문 〈월간 우사단〉을 발행한 것이다. 신문에는 동네 맛집 소개, 마을 미담, 허세 추천 도서, 지역 기반 소설 등 다양한 내용들을

29 《청년장사꾼》, 김윤규 외 지음, 다산북스, p.233

담았다. 지역 신문 발간은 '우사단 마을 사람들'이라는 정체성을 만들고, 함께 살아가는 사람들 사이에 연대감을 싹 틔웠다.

〈월간 우사단〉을 발간하던 2013년 초에는 마을에 활력을 불어넣기 위한 사업을 추진하기도 했다. 이태원 이슬람 사원 근처에 있는 돌계단을 중심으로 '이태원 계단장'을 연 것이다. 주로 우사단 마을에 작업장을 둔 아티스트들이 장터에서 물건을 팔았다. 이외에 우사단 마을의 과거부터 현재까지의 역사를 이야기해주고 골목골목을 소개해주는 가이드 프로그램 '동동투어'도 만들었다. '계단 위의 아리아'라는 이름으로 성악 공연을 진행하기도 했다.

교육 사업과 지역 사업은 많은 노력이 드는 데 비해 수익은 거의 발생하지 않는다. 그렇지만 이 사업들이야말로 '청년장사꾼다움'을 가장 잘 표현하고 정체성을 강화한다.

조직의 가치와 개인의 가치가 100퍼센트 일치하기는 어렵다. 이런 불일치로 인해 벌어진 간격을 사회 공헌 활동이 메워준다. 사회 공헌 활동을 통해 추구하는 가치가 기업의 이윤과 연결되지는 않는다. 하지만 상위 가치는 하위 가치를 포괄하기 때문에 '좀 더 나은 세상을 만든다'는 상위 가치는 서로 다른 개인의 가치와 회사의 가치를 통합시키는 역할을 한다. 사회 공헌 활동에 참여함으로써 내가 추구하는 가치와 조직이 추구하는 가치가 궁극적으로 다르지 않다는 것을 '느끼게' 된다. 그런 의미에서 사회 공헌 활동은 티모시 윌슨의 표현대로 '내러티브를 내재화하는 도구'가 된다.

chapter
18

관계 :

직원이 먼저, 고객은 그다음

철저하게 고객 만족을 지향하는 서비스에서는 '고객이 짜다면 짜다', '고객은 항상 옳다'고 이야기한다. 그런데 서비스를 통해 가치를 전달하고 남들과 '다른' 서비스를 제공하고자 한다면 이런 생각은 틀렸다(다른 게 아니라 틀렸다). 고객이 옳은 것은, 옳은 이야기를 할 때뿐이다. 틀린 말을 하면 그냥 틀린 것이다. 고객이기 이전에 나쁜 사람들도 참 많다. 고객 만족이라는 가치를 지나치게 강조하면, 도덕적으로 나쁘거나 비상식적인 사람까지 모두 합리화해버리게 된다. 그런 사례가 자꾸 늘다 보면 고객은 점차 커지고 직원은 작아진다. 고객과 직원의 관계를 바꿔야 한다. 지금까지는 고객이 우선이었다면, 이제는 고객이 두 번째가 되어야 한다. 직원이 먼저고 그다음이 고객이다. 아이러니하게도 직원을 우선할 때 고객은 따라오게 된다.

휴스턴대학의 스티븐 브라운과 손 램은 직원 만족도와 고객 만족

사이의 연관성을 밝혀내고자 했다.[30] 이들은 직원 만족도와 서비스 품질에 대한 고객의 인식 연구 자료 28개를 검토했다. 그 결과 고객이 인지하는 서비스의 질은 직원 만족도와 관련이 있다는 걸 발견했다. 연구에 따르면 직원과 고객 관계에는 두 가지 유형이 있다. 하나는 고객과 직원이 지속적으로 관계를 맺는 것이다. 개인 병원이나 컨설팅 업체가 대표적이다. 두 번째는 패스트푸드나 소매점과 같이 일회성 거래가 일어나는 경우이다. 상식적으로 생각하기에 직원 만족이 고객 만족에 미치는 영향은 고객과 직원이 지속적으로 관계를 맺는 산업에서 더 클 것 같다. 브라운과 램도 그렇게 예상했다. 그런데 뜻밖에도 지속성과는 전혀 관련이 없었다.

언어를 바꾸면 관계가 바뀐다

현재 우리의 고객 접점에서는 지나치게 고객 중심 문화가 만연해 있다. 지나친 고객 중심 문화에 균형을 잡고, 가치를 중심으로 한 서비스 문화를 만들어가기 위해서는 '직원'도 고객만큼 중요시하는 문화가 정착되어야 한다. 미국의 유통업체 트레이더 조의 전 회장인 더그 라우는 직원과 고객을 새의 양 날개로 비유했다.

> "날기 위해서는 양쪽 날개가 모두 필요합니다. 양쪽이 조화를 이루어야 하지요. 회사가 직원들을 소중히 여기면 직원들은 고객

30 《경영의 이동》, 데이비드 버커스 지음, 한국경제신문사, p.56

들을 소중히 여길 것입니다. 고객들이 행복해지고 쇼핑을 하며 즐거움을 얻으면 직원들의 삶 또한 행복해집니다. 이렇게 선순환이 이루어지는 것입니다."[31]

이를 위해서는 어떤 노력이 필요할까? 가치, 공감과 마찬가지로 관계의 재정립도 언어에서 출발해야 한다. 사람은 언어를 듣는 순간, 무의식적으로 언어대로 생각하고 행동할 준비를 하게 된다.

예일대학 교수이며 심리학자인 존 바그는 사전주입 실험을 통해 인간이 언어에 얼마만큼 많은 영향을 받는지 보여주었다. 존 바그와 그의 동료인 마크 첸, 라라 버로스는 뉴욕대 복도에서 한 그룹의 대학생들과 '공격적', '대담한', '무례한', '괴롭히다', '어지럽히다', '강요하다', '침해하다'와 같은 단어를 섞어서 대화를 진행했다. 다음 그룹 대학생들과는 '존경하다', '사려 깊은', '감사하다', '참을성 있게', '양보하다', '공손한', '예의 바른' 등과 같은 단어를 섞어서 대화를 진행했다. 5분 정도 대화 후에 연구실 실험자를 만나 다음 과제를 받으라고 지시했다. 다음 과제는 바로 그들 간의 대화였다. 무례하고 부정적인 대화를 주입받은 사람은 평균 5분이 지나면 모두가 상대의 말을 끊었다. 예절 바르고 공손한 대화를 주입받은 이들은 82퍼센트가 대화를 방해하지 않았다.

언어는 사람의 생각과 행동에 영향을 미친다. 이런 이유 때문에 미국 애플 직원들은 매장 내에서 '오류', '바이러스', '버그'와 같은 부정적인 단어를 절대 사용하지 않는다. 설명을 하는 단계 혹은 일상적인

31 《돈 착하게 벌 수 없는가》, 존 매키, 라젠드라 시소디어 지음, 흐름출판, p.133

대화에서라도 이런 단어를 사용하면, 사람들은 무의식적으로 오류, 바이러스, 버그를 애플 제품과 연관지어 생각하기 때문이다.

관계를 변화시키기 위해서 가장 먼저 바꾸어야 하는 단어는 '고객'과 '고객 만족'이다. 고객의 갑질, 아니 일부 몰상식한 사람들이 서비스 현장에서 횡포를 부릴 때 항상 나오는 말이 '고객은 왕'이다. 손님, 고객이라는 단어를 사용함으로써 '고객은 왕'이라는 프레임을 소환하는 것이다. 우리는 조지 레이코프의 말을 기억해야 한다. 공화당의 프레임에서 벗어나기 위해서는 공화당의 상징인 코끼리조차 생각하지 말자는 주장 말이다. 코끼리가 떠오르는 순간, 프레임은 작동한다.

고객 접점에서 손님과 고객 같은 단어는 모두 바꾸는 것이 좋다. 당연히 고객 만족이라는 단어도 없어져야 한다. 매뉴얼에서 손님, 고객이라는 단어 자체를 빼야 한다. 대화에서뿐만 아니라 기업의 가치를 담은 사명문, 고객 접점에서 쓰이는 안내문에서도 고객과 손님, 고객 만족을 쓰지 말아야 할 것이다. '고객이 짜다면 짜다' 따위의 안내문은 흔적도 없이 치워야 한다. 고객에 대해 이야기하지 말고 우리에 대해 이야기하자. 고객 만족을 말할 것이 아니라 회사와 브랜드가 전달하려는 가치에 대해 설명해야 한다. 고객이라는 표현보다는 사람의 이름을 부르는 것이 더 효과적이다.

스타벅스의 사명은 '인간의 정신에 영감을 불어넣고 더욱 풍요롭게 한다-이를 위해 한 분의 고객, 한 잔의 음료, 우리의 이웃에 정성을 다한다to inspire and nurture the human spirit-one person, one cup, and one neighborhood at a time'이다. 여기서 고객은 '커스토머Customer'가 아닌 '퍼슨Person', 즉 사람이다. 또한 이웃이다. 고객과는 거래가 발생하지만, 사람과는 관계가 생긴다.

스타벅스는 고객이 아닌 사람을 보는 브랜드이기 때문에 고객을 '버디buddy'라고 부른다. 직원 역시 '파트너'라고 부른다. 수직적이고 일방적이던 직원-고객, 회사-직원 사이를 수평으로 묶고 쌍방향 소통이 가능하게 하는 관계는 새롭게 정의한 언어에서 출발한다. 언어의 차이가 관계의 차이를 만들 수 있다.

chapter
19

관계 :
고객의 요구와 회사의 가치가 충돌할 때는 어떻게 할까?

청년장사꾼의 골뱅이집을 방문했을 때 일이다. 나는 친구와 조용히 먹으면서 이야기를 하고 싶었지만, 청년장사꾼 멤버들은 나를 가만두지 않았다. 나는 친구가 궁금한데 직원들은 우리가 궁금해서 자꾸 질문을 하고, 나는 그냥 먹고 싶은데 궁금하지도 않은 요리 재료와 먹는 방법 등에 대해 자꾸 이야기를 했다. 자꾸만 이야기의 흐름이 끊겼다. 청년장사꾼의 색깔과 고객의 색깔이 충돌한 셈이다. 이럴 경우 청년장사꾼에서는 어떻게 대응을 할까? 청년장사꾼에서 조직문화를 담당하고 있는 오단 씨는 분명하게 말한다.

"청년장사꾼 특유의 접객 문화에 거부감을 표시하는 분들도 있어요. 그렇지만 그런 경우를 우리는 서비스 실패 사례 혹은 고객 컴플레인으로 생각하지 않습니다. 그런 경우에는 '손님을 봐가면서 해야 한다'처럼 가벼운 피드백을 공유하는 정도예요. 말하기 조심스럽지만, 항상 고객이 옳다고 생각하지도 않고 모든 것을 고객들에게 맞출 생각도 없어요."

고객 만족에 길들여진 사람이라면 이 이야기가 어색하게 들릴 수도 있다. 그러나 청년장사꾼은 즐거움과 에너지를 전달하는 일이 음식을 제공하는 것보다 더 중요하다고 생각한다. 김윤규 대표가 청년장사꾼 사업을 '요식업'이 아닌 '서비스업'으로 정의한 것과 같은 맥락이다. 청년장사꾼을 좋아하는 고객들은 음식 맛보다 즐거움과 에너지를 느끼기 위해서 방문하는 것이다. 그렇기에 청년장사꾼의 가치와 색깔에 맞지 않는 일부 고객들을 위해 고유한 분위기를 포기할 수는 없다고 한다. CS 교육을 담당하는 김수진 씨 역시 같은 의견이다.

"무조건 고객의 말이 옳은 건 아니라고 생각해요. 고객에게 즐거움과 감동을 주기 위해서는 우리 스스로가 즐거워야 하거든요. 우리가 고객들과 장난도 치고 농담도 하면서 분위기를 만들어가면, 이런 모습, 이런 분위기를 좋아하는 분들이 우리를 찾아주시고 서로가 에너지를 주고받아요. 일을 하는 우리를 생각해도 그렇고, 우리 분위기를 좋아하는 분들을 생각하면 일부 고객의 의견에 맞출 필요는 없다고 생각해요."

일하는 사람이 즐거워야 한다

일본 선술집 업계에서 장사의 신으로 불리는 우노 다카시는 '어떤 가게를 해야 잘될까?'라고 고민할 것이 아니라 '어떤 가게를 해야 내가 진심으로 즐거울 수 있을까?'라는 궁리를 하라고 말한다. 일하는 사람이 즐거우면 손님도 자연스럽게 즐거움을 느낄 수 있다. 청년장사꾼이 그렇다. 멤버들이 즐겁지 않은데 무조건 고객에게 맞추지는 않는다. 다양한 계층의 고객이 찾는 곳에서 모든 고객의 요구를 맞추려다가는 죽도 밥도 안 될 수 있다.

물론 청년장사꾼이 융통성 없이 자기 색깔을 강요하지는 않는다. 가치가 충돌하는 경우에는 자신들의 가치를 분명히 우선하지만, 충돌 없이 고객과 관계를 형성하기 위해 끊임없이 노력한다.

지역별로 매장 운영 방식에 변화를 주는 것도 그러한 노력 중 하나이다. 지금의 청년장사꾼을 만든 경복궁 매장에서는 멤버들과 고객의 관계가 친구와 같다. 왁자지껄한 분위기와 길게 늘어선 줄은 청년장사꾼 서비스의 원형이다. 반면 대기업 직장인들이 많은 공덕 매장은 분위기가 사뭇 다르다. 왁자지껄하게 놀기보다는 서비스를 잘하려고 노력한다. 새로운 친구들을 데리고 온 직장인이 있으면 친구들 앞에서 심하게 아는 척을 해 단골 체면을 띄워주는데, 이 또한 인정받기 좋아하는 직장인들에게 맞춤한 서비스이다.

남영에 있는 '열정도'에서도 점포의 특징을 살린 서비스를 제공한다. 1차 모임으로 많이 찾는 주꾸미집이나 삼겹살집은 대체로 고객과의 관계 형성에 적극적이다. 이곳도 두 번째 방문을 하면 확실히 처음과는 다른 친근함을 표시한다. 멤버의 이름이 적힌 쿠폰을 주고, 대기시간이 길어지면 서비스를 제공하면서 적극적으로 '관계'를 형성하려 한다. 조용히 데이트를 하거나 혼자 술과 음식을 즐기기 좋은 철판요리집 '철인28호'에서는 멤버 한 사람이 서빙을 한다. 말을 많

사진 3 **열정도의 모습**

이 하기보다는 손님들끼리 이야기에 집중할 수 있도록 하는 것이다. 단, 바에 앉은 손님과는 조용히 대화를 나눈다. 열정도 감자집에서는 활기찬 분위기를 유지하되, 손님과 적극적인 관계를 만들려고 노력하지는 않는다. 다양한 주점들이 모여 있을 경우, 감자집은 가장 마지막에 들를 확률이 크다. 그런 특성을 감안해 헤어지기 전 친구들과 편안하게 이야기 나눌 수 있도록 서비스한다.

고객의 요구와 자신들의 가치가 충돌할 때 청년장사꾼은 원칙적으로 가치를 지키고 멤버를 우선한다. 이런 경험을 통해 멤버들은 자신이 고객 만족을 위한 소모품이 아니며, 고객과 갑을 관계가 아니라 수평적 관계라는 걸 느끼게 된다. 또한 명확한 가치는 지지하는 고객층을 끌어들인다. 청년장사꾼은 가치를 보전함으로써 브랜드 정체성을 유지하는 것이다.

chapter
20

관계 :
접점 직원의 판단력을 존중하라

F1과 같은 모터스포츠에서 승부를 결정짓는 요소 중 하나는 피트 스탑Pit Stop이다. 경기 중 급유, 타이어 교체, 머신경주용차을 정비하기 위해 잠시 멈추는 것을 피트 스탑이라고 부른다. F1에서는 14~22명 정도의 엔지니어가 한 팀이 되어 일을 하고, 피트 스탑 시간은 평균 7.5초 정도다. 타이어만 교체했을 때 가장 짧은 기록은 1.92초라고 한다. 엔지니어들은 1초도 안 되는 시간에 여러 결정을 내리고 일을 처리한다. 그들 모두 관리자의 승인이 없어도 꼭 필요하다고 판단되는 일을 할 수 있는 권한을 갖고 있다. 그렇지 않으면 일을 할 수가 없다. 타이어를 교체하다가 브레이크 시스템에 결함이 있는 걸 발견할 수도 있는 일이다. 그럴 때 지체 없이 문제를 파악하고 시정하는 것이 엔지니어의 일이다.

레이서는 설령 매년 수백만 달러를 버는 스타라 해도 엔지니어의 판단과 결정을 거부할 수 없다. 이유는 무엇일까? 그 순간에 제대로 된 선택을 내리기 위해 필요한 정보를 갖고 있는 사람이 바로 엔지니어이기 때문이다. 옳은 결정을 내리는 데 수익 능력이나 위계 구조는 아무런 관련이 없다. 핵심은 적절한 정보, 그리고 그것을 정확하게 해석할 수 있는 경험과 판단력을 갖고 있느냐이다.

피트 스탑에서처럼 고객 접점에서도 경험과 판단력은 핵심적인 경쟁력이다. 고객이 회사나 제품에 대한 평가를 내리는 데는 고작 15초 정도가 걸린다. 이 짧은 시간을 '진실의 순간Moment of Truth'이라고 한다. 진실의 순간에서 필요한 핵심적인 역량 중 하나는 판단력이다. 특히 고객 불만이 발생했을 때, 혹은 매뉴얼에 정의되지 않은 요청이나 일반적이지 않은 상황에서는 판단력이 더 중요해진다. 내가 처리할 수 있는 일인지 아닌지, 동료에게 도움을 청하면 해결을 할 수 있는지, 혹은 상사나 본사에 문의한 후에 처리해야 하는지, 아니면 먼저 처리하고 나중에 보고해도 되는 사항인지 빠르게 판단해야 한다.

모든 접점 직원들이 피트 스탑의 엔지니어처럼 회사에 대한 이미지를 좌우할 수 있는 순간에 제대로 된 선택을 할 수 있다면 얼마나 좋겠는가. 아마 모든 서비스 관리자와 회사가 바라는 일일 것이다. 그런데 많은 직원들은 스스로 판단하기를 주저할 때가 많다. 《서비스 엑설런스 에브리데이》의 저자, 리오르 아루시는 접점 직원들이 피트 스탑의 엔지니어들과 같이 진실의 순간에 결정을 내리지 못하는 이유는 크게 여섯 가지로 요약했다.[32]

---

32 《서비스 엑설런스 에브리데이》, 리오르 아루시 지음, 김앤김북스, p.171

- 진실의 순간을 알지 못함
- 정보 부족
- 권한 부족
- 실패가 허용되지 않는 환경
- 동기 부족
- 경험 부족

기본적으로 경험이 부족하면 판단을 내리기가 어렵다. 하지만 경험이 없더라도, 내가 그 접점의 책임자라는 의식이 명확하면 미리 준비하려는 마음이 생긴다. 어떤 상황이 발생할 수 있는지 선배들에게 수시로 물어보고 대비할 수 있다. 비슷한 사례가 반복된다면 본사 담당자와 서비스 유관부서에 의견을 물어볼 수 있다. 반면 접점의 책임자라는 의식이 없고, 단지 본사의 지침에 따라 혹은 상사의 지시에 따라 응대만 전담하는 사람이라는 생각을 갖고 있다면 어떨까? 매뉴얼에 나와 있는 대로 서비스의 가부만을 간단하게 결정할 것이다.

'진실의 순간'의 책임자는 '나'라는 인식을 심어주려면 본사는 접점 직원을 관리하는 것이 아니라 지원해야 한다. 의무만 지울 것이 아니라, 권한을 부여해야 한다. 접점에 대한 정책을 세울 때는 기획 단계에서부터 최대한 많은 접점 직원들의 의견을 수렴해야 한다. 또한 서비스에 실패했을 때에는 책임을 추궁하는 대신 해결을 하기 위해 지원해야 한다.

가치의 시대, 고객은 어떤 존재일까?

이제는 고객을 주인이 아니라, 이해 관계자 중 하나로 파악해야 한다. 미국의 아웃도어 업체인 파타고니아는 회사가 해야 할 일에 고객이 참여하는 기회를 제공한다. 예를 들면 파타고니아의 의류는 탄소 소재라서 쉽게 분해가 되지 않는다. 파타고니아가 가장 중요하게 생각하는 '환경보호' 가치를 훼손하는 소재다. 파타고니아는 이런 딜레마를 인터넷에 솔직하게 올리고, 해결책을 고객들에게 묻는다. 가장 큰 고민을 고객과 함께 나누는 것이다. 그들은 수많은 조언을 듣고 해답을 얻는다. '환경 파괴를 최소화하면서 최고 품질의 옷을 만드는 것'이다. 이 과정에서 고객은 회사의 가치 실현에 함께하는 주인공이자 영웅이 된다.

이 책을 쓰면서 만난 청년장사꾼, 룰루레몬 코리아, 러쉬 코리아, 삼성의료원, 스타벅스 코리아의 임직원들에게 던진 질문이 있다.

"고객이 먼저일까요? 직원이 먼저일까요?"

열 명 중 일곱 명은 주저 없이 대답한다. "직원이 먼저입니다." 열 명 중 두 명은 약간 눈치를 보며 이야기한다. "직원이 우선인 거 같아요." 열 명 중 한 명 정도의 비율로 고객이 우선이라는 대답이 나왔다. 고객이 있기에 '우리'가 있을 수 있기 때문에 고객이 우선이라고 했다('회사'가 아닌 '우리'라는 표현을 주로 썼다). 직원을 중요하게 여기자는 것이 고객을 무시하자는 말은 아니다. 그동안 고객만 존재했던 접점에 균형을 맞추자는 뜻이다.

chapter
21

공간에 어울리는 서비스, 어울리지 않는 서비스

앞서 9장에서 이야기한 광화문의 S레스토랑이 기억나는가? 이탈리아 남부 요리로 유명한 이 레스토랑은 접객 스타일이 조금 독특했다. 직원들은 고객이 들어오면 마치 이자까야에서 '이랏샤이마세'를 외치듯이 '보나세라'를 외쳤기 때문이다. 레스토랑의 제품과 공간이 남부 이탈리아를 재현하는 것과 달리 인사와 같은 서비스는 일본식이었다. 이곳을 찾는 많은 고객들은 서비스에 이질감을 느낄 수밖에 없을 것이다. 일관된 브랜드 메시지를 효과적으로 전달하기 위해서는 제품과 공간, 서비스 경험을 일치시키는 것이 무엇보다 중요하다.

S레스토랑처럼 많은 기업들이 제품 경험과 공간 경험을 일치시키는 일은 어느 정도 하고 있다. 하지만 서비스 경험까지 일치시키는 기업은 드물다. 이는 서비스 접점에서 다른 무엇보다 고객 만족과 친절만이 강조되기 때문이다. 제품과 공간 경험은 일치하지만 서비스

경험이 다르다면 고객은 브랜드의 정체성을 인지하는데 혼란을 겪게 된다. 그저 그런 브랜드가 아닌 차별화된 브랜드로 고객에게 기억되기 위해서는 반드시 서비스 경험까지 일치시켜야 한다. 이를 위해 제품과 공간이 지향하는 가치의 방향과 서비스의 방향이 일치해야 한다.

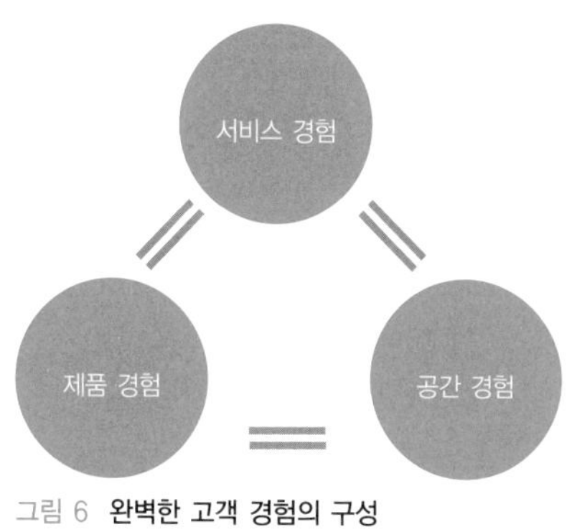

그림 6 **완벽한 고객 경험의 구성**

서비스를 제품 경험과 공간 경험에 좀 더 쉽게 일치시키는 방법은 바로 스토리를 만드는 것이다. 앞서 9장에서 말했다시피 서비스가 스토리를 만들면 그 배경은 '공간'이 되고, '제품'이 자연스럽게 등장하게 된다. 이때 공간 경험은 전체 고객 경험의 기준선으로 작용할 수 있다. 공간은 서비스와 제품 평가를 위한 프레임을 형성하기도 하고, 때로는 공간 자체가 '기-승-전-결'을 갖춘 이야기로서 기억에 남을 수도 있기 때문이다.

가) 왕이 죽었다. 그리고 여왕이 죽었다.

나) 왕이 죽었다. 그러자 여왕이 슬픔을 이기지 못해 괴로워하다 죽었다.

가와 나, 두 문장 중에서 어느 문장이 더 기억에 남을까? 아마 두 번째 문장이 더 오래 기억날 것이다. 첫 번째는 단순한 사실이고, 두 번째는 의미가 담긴 이야기이기 때문이다. 뭐든 짧은 것을 더 쉽게 기억할 것 같지만, 사람은 길더라도 의미가 담긴 이야기를 더욱 잘 기억한다. 우리 주변의 일뿐만 아니라 역사나 정치와 같이 거시적인 사건들도 일종의 이야기로 이해하게 된다.

우리는 2008년 금융 위기가 발생한 이유, 냉전이 종식된 이유, 해리 포터가 베스트셀러가 된 이유 역시 각각 이야기로서 이해한다. 우리가 이해하는 것들 중 옳은 것도 있겠지만, 원래는 제대로 들어맞지 않는 이야기들을 끼워 맞추는 것도 많다. '이야기 편향'은 이처럼 이야기들을 왜곡해서 현실을 단순화시키는 것이다.[33]

두오모 호텔의 경험도 일종의 이야기 편향일 수 있다. 직원의 '시크한' 응대는 두오모 호텔이 의도하지 않은 것일 수 있다. 그저 개인의 성격일 뿐인데도 호텔의 인테리어와 직원의 태도, 호텔의 소개 정보 등을 조합해서 한 편의 이야기를 만들어낸 것인지 모른다. 인테리어가 고급스런 호텔에서는 정중한 서비스를 기대하고, 패스트푸드 느낌이 강한 레스토랑에서는 빠른 서비스를 원했듯이, 두오모 호텔에서는 시크한 서비스를 받을 마음의 준비가 된 상태였다.

공간을 통해 촉발된 '이야기 편향'은 서비스에 대한 프레임을 형성한다. 즉 브랜드가 전달하려는 가치를 미리 예측하고, 서비스도 이 프레임을 통해 평가하게 된다. 이 공간에 어울리는 서비스, 어울리지 않는 서비스로 말이다. 《좋아 보이는 것들의 비밀》의 저자 이랑주 대표는 "디자인은 관계를 창조한다"고 말한다. 의식적인 메시지를 접하기 전에 공간을 통해서 미리 관계의 뼈대를 형성한다. 러쉬와 스타벅스

---

33 《스마트한 생각들》, 롤프 도벨리 지음, 걷는나무, p.165

는 공간 디자인을 통해 관계의 뼈대를 가장 잘 형성한 브랜드다.

공간은 어떻게 브랜드를 전달하는가

명동의 러쉬 플래그십 매장은 러쉬의 철학을 가장 잘 표현하고 있으며, 공간이 하나의 콘텐츠 역할을 한다. 러쉬 이외에도 많은 전시장, 플래그십 매장들이 고객의 눈에 띄고 기억에 남기 위해 하나의 콘텐츠로서 기승전결 구조를 갖춘다.[34] 예를 들자면 쇼윈도 혹은 입구로 들어서자마자 눈에 띄는 곳이 '기'이다. 여기에 신상품을 진열해서 행인의 눈길을 끈다. 문을 열고 조금 안쪽으로 들어간 곳이 '승'이다. 다양한 액세서리 소품들을 두는 곳이다. 그리고 영업장 중간쯤이 '전'이다. 주력 상품 전시 공간이다. 영업장 끝 가장 깊숙한 부분이 '결'이다. 최고의 명품들을 진열한다.

명동 플래그십 매장 앞에서는 직원 두 명이 거품 만드는 모습을 쉽게 볼 수 있다. "신선한 러쉬입니다"라고 외치는 소리를 들으면, 나처럼 코가 둔감한 남자도 '아, 뭔지 모르지만 신선한 향기'라는 느낌을 받는다. 그냥 냄새나 향기가 아니라 '신선한 향기'이다. 러쉬 매장의 '기'는 문 앞에서 시작된다.

기-승-전-결 구조에서 '승'은 이야기가 발전해가는 과정이다. 일반적으로 극적인 긴장감은 떨어지지만, 다양한 매력을 발산하는 등장인물들이 나오면서 흥미를 더하는 부분이다. 이 단계에서 캐릭터

34 《프로작가의 탐나는 글쓰기》, 박경덕 지음, 더퀘스트, p.66

의 성격을 짐작할 수 있다. 러쉬 플래그십 매장의 '승'은 화려한 입욕제와 욕조가 담당하고 있다. 신선한 향기와 거품에 이끌려 매장에 들어서면, 바로 오른쪽에 위치한 욕조에 시선이 간다. 매장 안에 왜 욕조가 있는지 궁금해하며 욕조 안을 들여다보고 있는데, 직원이 다가와서 입욕제를 집어넣는다. 화려한 색깔 입욕제가 요란한 소리를 내면서 욕조를 총천연색으로 물들인다. 욕조 뒤에는 산뜻하고 화려한 색깔 입욕제들이 가득하다. 입욕제가 필요한 것도 아닌데 흥미가 생겨 구경을 하게 된다.

러쉬의 색깔이 명확하게 드러나는 기-승의 구간을 지났다. 이제는 '전'에 해당하는 공간이다. '전'에서는 핵심적인 사건을 통해서 작가의 의도가 표현된다. 포장하지 않은 채 덩어리로 진열해놓은 상품들이 눈에 들어온다. 불필요한 쓰레기를 만들지 않고, 제품에서 풍겨 나오는 향기를 통해 경험을 극대화한다.

'결'에 해당하는 매장 가장 안쪽의 오른쪽에는 채러티팟 제품들이 있다. 러쉬는 이 제품에서 나오는 수익금을 모두 기부하고 있으며, 이를 매장 가장 안쪽에 진열함으로써 러쉬의 '가치'를 상징적으로 드러낸다. 러쉬의 공간 구성에 대해 이랑주VMD연구소의 이랑주 대표는 다음과 같이 평가한 바 있다.

> "예를 들면 옷을 파는 매장에 들어갔어요. 처음 들어가서 눈에 띄는 왼쪽에 핑크색 원피스가 있다면, 오른쪽에는 검정색, 베이지색 계열의 옷이 있어요. 그러면, 실제 매출은 오른쪽에 있는 기본 색깔의 옷에서 제일 많이 나와요. 그 이유는 사람의 심리에

달려 있어요. 사람은 두 가지 욕구를 가지고 있어요. 하나는 일탈의 욕구, 다른 하나는 안정의 욕구. 일탈을 꿈꾸지만, 실제적으로 안정을 선택할 때가 많아요. 핑크색을 사고 싶은데, 디자인도 너무 맘에 드는데, 몇 번 입지 않을 것 같고 부담스러운 맘이 들면, 검정색이나 베이지색이라도 사려고 해요. 결국은 오른쪽 끝에서 물건을 많이 사게 돼요. 러쉬도 이와 비슷해요.

입구에 있는 제품은 시즌 제품, 눈길을 사로잡는 제품, 일탈의 심리를 자극하는 제품이에요. 주욱 들어와서, 본인이 가장 필요하고 가치 있다고 생각하는 제품들은 오른쪽 끝에서 사게 되어 있어요. 그래서 러쉬에서 생각하는 핵심 제품은 오른쪽 끝에 놨을 거예요. 가장 많이 팔 수 있는 위치에, 수익에 전혀 도움이 되지 않는 제품을 놓음으로써 우리가 어떤 브랜드인지를 말하고 있는 거죠."

매장 내 공간 구성에서 러쉬가 추구하는 가치를 느낄 수 있다면, 매장 내 다른 인테리어 요소, 특히 조명과 색의 조합을 통해서는 러쉬의 '신선함'을 제대로 느낄 수 있다.

공간에 사용되는 색상은 기본 바탕이 되는 '기본 색상', 주제 색상을 보조하는 '보조 색상', 그리고 시선을 사로잡는 '주제 색상', 이 세 가지로 구성된다.[35] 이 세 가지 색상이 조화롭게 보이는 비율은 70(기본 색상) : 25(보조 색상) : 5(주제 색상)이다. 러쉬하면 떠오르는 총천연색이 매장에서 차지하는 비율은 어느 정도일까? 제품의 색깔을

35 《좋아 보이는 것들의 비밀》, 이랑주 지음, 인플루엔셜, p.51

포함해도 5퍼센트밖에 되지 않는다. 기본 색상과 보조 색상 모두 무채색이다. 검정과 짙은 회색이 주로 사용되었다. 그러다 보니 5센트밖에 되지 않는 천연색들이 더욱 두드러진다.

러쉬의 제품을 더욱 신선하게 표현하는 것은 바로 '조명'이다. 제품을 비추는 노란빛은 가정집처럼 따뜻한 느낌을 주는 동시에 핸드메이드 비누와 화장품들을 더욱 신선해 보이게 한다. 한편 영국 가정집을 그대로 재현한 인테리어는 대량 생산 제품이 아니라 소량의 핸드메이드 제품임을 이야기하고 있다.

공간 배치, 조명, 색상과 인테리어 소품 등, 경험 공간 내의 모든 구성 요소에 브랜드가 전달하려는 가치와 철학이 담겨 있다. 플래그십 매장을 한번 보고 나면, 러쉬 직원의 설명 없이도 러쉬가 어떤 브랜드인지 짐작할 수 있다.

매장은 단순한 판매 장소가 아니다

스타벅스 매장 역시 브랜드 가치를 담고 있다. '단순한 사교 공간이 아니라, 영감을 얻을 수 있는 장소'가 되길 바라며 공간을 다자인했다. 스타벅스에는 작은 사각형 탁자가 많다. 2인용이라고는 하지만 많은 사람들이 혼자 앉아서 작업을 한다. 커피빈에는 비슷한 크기의 원형 탁자가 많다. 탁자 주변에 의자도 많이 배치되어 있다.

스타벅스에는 자리마다 콘센트 단자가 설치되어 있지만, 커피빈에서는 그렇게 많이 찾아볼 수 없다. 지향하는 바가 그만큼 다르기 때문이다. 간혹 스타벅스 매장 인테리어를 두고 '타임 마케팅'이라 이야기한다. 단순히 커피를 파는 게 아니라, 공간에서 시간을 보내게 만드는 전략이라는 것이다. 이런 해석은 원인과 결과를 혼동한 데서 나온다. 영감을 줄 수 있는 제3의 장소를 만들고자 노력하다 보니 사람들

사진 4 **룰루레몬 청담 플래그십의 키친**

사진 5 **룰루레몬 청담 플래그십의 의류 정리대**

이 오래 머물게 된 것이지, 오래 머물게 하려고 공간을 구성한 것이 아니다.

룰루레몬[36] 매장 역시 단순한 판매 장소가 아니다. 가치를 중심으로 룰루레몬과 게스트, 게스트와 게스트, 에듀케이터와 게스트 들을 연결하는 장소다. 룰루레몬 청담 플래그십 스토어 2층에는 '키친'이 있다. 실제 요리를 하는 주방이 아니다. 집에서처럼 주방으로 손님을 초대하여 자유롭게 소통한다는 의미에서 '키친'으로 부르고 있다. 제품 구입 여부에 상관없이 누구나 자유롭게 이용할 수 있는 공간이다.

피팅룸을 보면 다른 브랜드와 달리 무척 넓다. 안에서 가벼운 운동동작을 취해볼 수 있을 정도이다. 땀 흘리는 운동을 통해 변화를 추구하는 브랜드답다. 피팅룸 바로 앞에는 의류 정리대와 칠판이 있다.

고객들이 옷을 입어보는 피팅룸과 직원들이 옷을 정리하는 의류 정리대의 간격이 몹시 가깝다. 그 이유는 룰루레몬이 계량화된 고객 만족도 조사를 하기보다는, 고객의 목소리를 직접 듣고 제품과 서비스에 반영하려는 의도가 담겼기 때문이다. 룰루레몬은 직원들에게 고객의 이야기를 들으라고 지시하기보다 고객의 이야기를 듣기 쉽게 공간을 만들었다. 의류 정리대에서 일하는 직원들은 고객들이 옷을 갈아입으면서 나누는 대화를 자연스럽게 들을 수 있다. 서비스 공간에는 고객보다 직원들이 더 오래 머문다. 당연히 브랜드의 가치가 담긴 공간은 고객뿐만 아니라 직원에게도 영향을 미친다.

---

36 룰루레몬(lululemon athletica): 1998년 캐나다 밴쿠버에서 칩 윌슨에 의해 설립된 요가복 브랜드, '요가복의 샤넬'이라고도 불린다. 비싼 가격에도 불구하고 높은 고객 충성도를 가지고 있다. 2010년, 2011년, 2012년 미국 시장 내 연평균 매출 증가율 45퍼센트에 이르기도 했다. 2013년 4,000만 달러에 이르는 리콜 사태로 위기를 맞았으나, 고객 충성도를 바탕으로 위기를 극복하고 다시 성장하고 있다.

고객 경험이 완전한 브랜드 경험이 되기 위해서는 제품과 공간, 서비스가 지향하는 가치의 '결'이 비슷해야 한다. 이것들이 완벽하게 일치하지 않을지라도 방향이 비슷하고, 연관성이 있어야 한다. 브랜드가 지향하는 가치의 진정성은 결국 '사람'에게 느끼기 때문이다. 제품과 공간에 담긴 가치가 '상업적' 혹은 '장삿속'으로 폄하되지 않기 위해서는 서비스를 제공하는 직원과의 관계에서 가치가 느껴져야 한다. 직원들이 브랜드가 지향하는 가치에 공감하고, 고객들과는 단순한 접객이 아닌 관계를 형성할 때, 제품과 공간, 서비스가 일치하는 완벽한 브랜드 경험을 제공할 수 있다.

+ 

+ value + storytelling

Part 3

최고의 서비스 기업은 어떻게 가치를 전달하는가

고객은 자신이 추구하는 가치와 기업의 가치가 연결될 때 동질감을 느낀다. 곧 '우리'라는 연대의식이 생기고, 대중에게 기업의 가치를 파급시키는 '커넥터' 역할을 한다. 최고의 서비스 기업들은 회사의 가치와 고객의 가치를 서비스로 연결시킨다. 스타벅스 코리아, 룰루레몬 코리아, 러쉬 코리아, 삼성의료원, 청년장사꾼의 직원들은 회사가 지향하는 가치에 공감하고, 고객의 가치와 연결시키기 위해 적극적으로 노력한다. 이들은 어떻게 회사와 고객의 가치를 연결할까?

Service
Value

chapter
22

룰루레몬 코리아 ①:

고객을 따르지 않고, 고객이 따르게 한다

룰루레몬 청담 플래그십 매장에 가면 바닥에 다음과 같은 문장이 새겨져 있다.

'Friends are more important than money 친구는 돈보다 중요하다.'

유통 매장에서 고객이 아닌 친구가 주어라는 점이 신선했다. 매장 안으로 들어서자 운동복 차림 직원들이 인사를 한다. 반갑게 인사는 하지만 지나치게 다가오지는 않는다.

남성 의류가 모여 있는 2층으로 올라가자 엄청나게 반가워하는 목소리가 들린다.

"안녕하세요? 오랜만이에요!"

내가 아니라 단골에게 하는 인사였다.

단골이 매장 직원에게 남자 친구를 소개시켜주자 서로 인사를 한다. 흔치 않은 풍경이다. 잠시 후에 여자 손님 한 무리가 올라온다. 모두 운동복 차림이다. 인사 없이 대화를 시작한다.

"세일한다고 하길래 얼른 들렀어요."

직원과 고객 모두가 운동복을 입고, 서로 반가워한다. 의류 매장이라기보다는 운동 동호회 같다. 동호회 리더와 회원, 혹은 코치와 선수 같은 느낌이다. 실제로 룰루레몬은 접점 직원을 에듀케이터Educator, 고객을 게스트Guest라고 부른다. 단순히 물건을 사고파는 관계가 아니라 제품과 운동에 대해 알려주는 조력자이며 우리 집에 놀러 온 손님이다. 크레디트스위스 은행의 애널리스트인 크리스티안 버스는 룰루레몬의 서비스에 대해 다음과 같이 말했다.

> "과거 소매업계의 모델은 여기 와서 우리 제품을 사면 멋있어진다고 말하는 것이었습니다. 반면 룰루레몬이 구축하려는 모델은 '당신은 아주 멋집니다. 우리는 당신이 최고의 모습이 되도록 도울 파트너가 되겠습니다'라고 말하죠."[37]

룰루레몬은 판매를 목적으로 고객 만족에 주력하지 않는다. 그들이 하는 모든 일은 이상 실현을 위해 정렬되어 있다. 그리고 그 시작점에 에듀케이터가 있다.

37 《브랜드 비즈니스》, 데니스 리 욘 지음, 더난출판사, p.134

회사의 비전이 이익을 내는 것보다 중요하다

룰루레몬의 비전은 '평범한 세상을 의미 있고 가치 있는 세상으로 변화시키자'이다. 비전은 추상적이지만, 실행은 구체적이고 현실적이다. 룰루레몬에서는 철저하게 '나'로부터 변화가 시작된다. '룰루레몬에서 근무하는 내가 변하고, 나의 변화가 게스트들의 만남과 커뮤니티 활동을 통해 확산되고, 이런 움직임들이 모여서 세상을 바꿀 수 있다'고 믿는다.

경영 활동은 이런 비전을 실현할 수 있도록 뒷받침해준다. 매출과 이익도 물론 중요하지만, 비전을 실현하는 데 방해가 된다면 과감히 포기한다. 룰루레몬 코리아는 2015년 청담동에 쇼룸을 개장하고, 2016년 플래그십 매장을 열면서 본격적으로 활동을 시작했다. 원래는 2년 전, 전국적인 영업망을 갖춘 파트너사를 선정하여 사업을 시작하려 했다. 하지만 진지한 내부 논의 끝에 파트너사 없이 직접 진출하기로 결정했다.

룰루레몬이 아시아의 어느 국가에 진출했을 때는 현지 파트너사와 함께 사업을 시작했고, 그 결과 매출과 이익 모두 폭발적인 성장을 기록했다. 하지만 이곳에서 '룰루레몬의 가치와 비전이 직원들에게 제대로 공유되었나?', '룰루레몬은 가치 있는 세상을 만들기 위한 노력을 제대로 하고 있나?'라는 질문에 제대로 대답할 수 없었다. 일반적인 업체의 최종 목표는 매출 확대와 수익 증대이다. 하지만 룰루레몬에게 있어 매출과 이익은 다른 모든 가치를 희생시켜도 좋을 만큼 절대적인 기준이 아니다. 룰루레몬은 이와 같은 일이 한국에서 반복되는 걸 원치 않았기에 직접 진출을 결정한 것이다.

룰루레몬이 성장만 추구하는 브랜드가 아니라는 것은 직원 채용에서부터 알 수 있다. 룰루레몬은 세 번 면접을 치른다. 첫 번째는 어시스턴트 매니저급 직원들이 면접을 보는데, 질문은 일상적인 대화 수준을 벗어나지 않는다. 취미나 여가 시간 동안 주로 하는 것, 좋아하는 책, 음식 등 편안한 질문이 오고 간다. 면접관들은 능력이 아니라 사람을 본다. 지원자가 무엇을 할 수 있는지가 아니라 어떤 사람인지를 알고 싶어 한다.

다음은 매니저들의 면접이 기다리고 있다. 2차 면접에서는 실무적인 능력과 함께 룰루레몬의 문화에 잘 어울릴 수 있는지를 본다. 그리고 가장 룰루레몬다운 면접 절차로 운동을 함께 한다. 룰루레몬에 입사하기 위해서는 반드시 직원들과 운동을 해야 한다. 지금까지 요가, 필라테스, 러닝, 크로스핏, 카약 등 다양한 운동을 해왔다. 운동을 잘하고 못하고는 중요하지 않다. 함께 하는 룰루레몬 직원들과 얼마나 잘 융화될 수 있는지, 처음 해보는 어려운 운동도 즐기면서 할 수 있는지를 주로 본다. 직원들은 직급과 관계 없이 스케줄이 맞으면 누구나 함께 운동을 한다. 이때 그들의 의견은 채용에 큰 영향을 미친다. 아무리 능력이 탁월해도 룰루레몬의 문화에 어울리지 않거나 함께 운동을 하면서 긍정적인 에너지를 주고받기 힘든 사람들은 탈락 통보를 받는다.

채용된 직원의 교육은 주로 코칭 형태로 진행된다. 일반적으로 기업에서 활용되는 방법은 티칭Teaching, 트레이닝Training, 코칭Coaching이다. 티칭은 지식 전달 위주이며 일방향이다. 브랜드 가치에 대한 기본적인 이야기는 티칭으로 이루어지는 경우가 많다. 또 제품이나 서비스 운영에 대한 교육 역시 티칭으로 이루어질 수밖에 없다. 트레이닝은 체화에 집중된다. 남의 것을 주입받는 형태가 아니라, 내 것으로 전환하는 과정이 포함된다. 코칭은 사륜마차를 뜻하는 '코치coach'에서 나온 말이다. 사람을 목적지까지 운반한다는 점에서 목표에 다다를 수 있도록 돕는다는 의미로 변했다. 티칭과 트레이닝의 학습 목표는 기업이 정한다. 반면 코칭은 스스로 답을 찾을 수 있게 도울 뿐, 방향과 목표가 명확하게 설정되어 있지 않다.

룰루레몬 코리아의 교육은 기본적인 상품 교육을 제외하고는 코칭 형태로 이루어진다. 특히 브랜드 가치에 대한 교육이 그렇다. 일반적인 브랜드 가치 교육은 창업자와 브랜드에 관한 이야기를 공유하고 나서 체화 과정으로 넘어간다. 이와 달리 룰루레몬 코리아는 코칭에서 출발한다. 이것이 가능한 이유는 룰루레몬의 비전이 '평범한 삶을 의미 있고 가치 있게 바꾸자'이기 때문이다. 여기서 의미와 가치에 대한 정의는 사람마다 다르다. 회사가 정의한 의미와 가치 실현이 아니라, 각자의 삶에서 의미 있는 변화를 일으키고, 이로써 세상을 바꾸자는 것이다.

chapter 23

룰루레몬 코리아 ②:
경쟁이 아니라 변화를 추구한다

룰루레몬은 입사 후 2주 동안 개인의 비전과 목표Vision & Goal를 설정하는 코칭을 받는다. 비전을 이루기 위한 10년 동안의 목표, 5년 후와 1년 후의 목표를 구체화하고 세부적인 실행 계획을 세운다. 예를 들어 건강한 몸을 먼저 만들겠다고 다짐한 사람은 일주일에 한 번씩 5킬로미터를 뛰겠다는 목표를 세우고, 브랜딩 전문가가 되어서 룰루레몬의 가치를 좀 더 알리고 싶다는 직원은 브랜딩 관련 책 10권 읽기를 연간 계획으로 수립한다.

이런 비전과 목표는 모든 직원들이 볼 수 있도록 사내 인트라넷에 공개한다. 처음 만난 직원과도 자연스럽게 서로의 비전과 목표에 대한 이야기를 나눌 수 있다. '나는 가치를 추구하는 사람이다'라는 이야기가 내러티브를 형성하고, 당신의 비전은 무엇이냐는 질문에 대답을 하는 행위 자체가 내러티브를 강화한다.

룰루레몬에서는 개인의 가치와 회사의 가치가 대립적인 관계가 아니기 때문에, 개인의 내러티브가 강화되는 만큼 회사가 지향하는 가치에도 더 강하게 공감할 수 있다. 직원들이 하는 일은 단순히 회사 업무일 뿐만 아니라, 개인의 비전을 실현하는 일도 된다.

룰루레몬 코리아의 직원들은 모두가 일종의 '잡크래프팅Job crafting'을 경험하는 셈이다. 잡크래프팅이란 '직장에서 업무 만족도와 행복감을 높이기 위해 주어진 일을 의미 있는 활동으로 바꾸는 것'을 말한다. 잡크래프팅의 유형은 크게 세 가지다(표 3 참조).

유형	내용	예
과업 가공 (Task Crafting)	업무 외 다른 영역으로 범위 확장	수업 시간에 IT 기기를 자주 활용하는 교사가 학교 IT 업무 담당
인지 가공 (Cognitive Crafting)	일의 목적을 보다 의미 있게 재해석	병원 청소부가 치료팀의 일원이란 인식하에 환자 행복을 위해 일하는 경우
관계 가공 (Relational Crafting)	직장 상사, 동료와의 관계를 재설정	마케팅 담당자가 자신을 더 잘 이해해 주는 영업 담당자와 친밀한 관계 유지

표 3 **잡크래프팅의 유형**

가장 극적인 변화는 '인지 가공'이다. 같은 일을 하더라도 남다르게, 의미 있게 할 수 있다. 똑같은 청소를 할지라도 누군가에게는 지구를 깨끗하게 하는 일이고, 다른 누군가에게는 그저 생계 방편일 뿐이다. 인지 가공이 일어나기 위해서는 우선 개인이 지향하는 가치가 명확해야 한다. 즉, 개인의 '왜'를 기준으로 일의 의미가 변화할 수 있다. 룰루레몬은 개인의 비전과 가치를 포용하고 있다. 그 결과 룰루레몬 직원들은 잡크래프팅을 실천하고 있는 셈이다.

모든 것은 개인의 성장에서 시작된다

룰루레몬은 계량화된 고객 만족도 조사나 충성도, 그 밖의 다른 수치를 통해서 게스트를 파악하지 않는다. 한번은 실적을 발표하는 자리에서 애널리스트들이 질문했다. 브랜드에 대한 소비자 인식 같은 공식적인 조사를 수행하는가? 룰루레몬의 대답은 '그렇지 않으며, 할 생각도 없다'였다. 2012년, 당시 룰루레몬의 CEO인 크리스틴 데이는 "룰루레몬의 성공 비결은 룰루레몬 간판이 아니라 그 지역 커뮤니티를 존중하며, 커뮤니티 활동에 적극적으로 참여한 데 있습니다"[38]라고 말했다.

룰루레몬 코리아의 유예슬 매니저 역시 '커뮤니티클래스'가 룰루레몬의 가치를 전달하는 핵심이라고 말한다.

"룰루레몬의 가치를 게스트들에게 전달하는 건, 우선 우리 룰루레몬 직원들 개인의 성장에서 시작돼요. 본인의 비전을 이루기 위한 변화를 에듀케이터들이 먼저 맛보는 거죠. 이를 맛본 에듀케이터들은 커뮤니티를 성장시키고, 이 커뮤니티에서 게스트들도 함께 성장해요."

커뮤니티클래스는 지역에 룰루레몬의 가치를 전파시키는 가교이다. 룰루레몬 매장은 각각의 지역을 기반으로 하여 독립적으로 운영한다. 커뮤니티클래스 구성은 물론이고 매장별 직원 채용, 홍보대사 선정까지 모든 운영이 지역별로 이루어진다. 본사 조직은 각 매장을 지원할 뿐이다.

38 《어떤 브랜드가 마음을 파고드는가》, 수잔 피스크 & 크리스 말론 지음, 전략시티, p.108

룰루레몬 코리아의 커뮤니티클래스는 공식 블로그와 각종 SNS에 공지되어 있다. 각 매장별로 기획하고 안내하는 커뮤니티클래스에 참여해보면, 왜 이를 통해 룰루레몬의 가치가 전달된다고 하는지 이해할 수 있다. 특히 러닝 클래스에서는 타 브랜드와 룰루레몬의 차이를 분명히 알 수 있다.

매주 수요일 저녁에 청담 플래그십 매장을 방문하면, 에듀케이터들이 열렬한 환호와 하이파이브로 맞이해준다. 지하 1층에 있는 커뮤니티룸에 들어서면, 약간은 어색한 모습으로 삼삼오오 서 있는 사람들을 볼 수 있다. 에듀케이터들은 러닝 시작 전에 2인 혹은 3인 1조로 마음 열기 시간을 갖는다. 자기소개부터 간단한 게임까지, 어색함을 극복하기 위한 활동을 함께 한다. 그 후 러닝을 시작한다.

러닝 속도는 매우 느리다. 대한민국에 존재하는 그 어떤 러닝 클럽보다 느리다. 룰루레몬은 승리나 경쟁을 추구하는 브랜드가 아니다. 일상의 변화다. 어제의 나와 오늘의 변화가 경쟁을 한다. 평소 잘 뛰지 않았던 사람이라면 일단 빠르게 걷기만 해도 어제의 나보다는 나은 셈이다. 러닝에 참여하는 에듀케이터들은 항상 신신당부한다. 무리해서 빨리 달리지 말고 자신의 속도에 맞춰서 즐기라고 말한다. 혹여 뒤처지는 게스트가 있으면 에듀케이터가 페이스메이커 역할을 한다. 약 5킬로미터를 뛰고 난 후에는 커뮤니티룸으로 돌아온다. 한 시간쯤 요가로 몸을 푼 후에는 2층 키친에서 간단한 파티를 연다.

파티에 참여해보면 에듀케이터와 게스트가 전혀 구분되지 않는다. 그저 운동을 함께 한 사람들만 있을 뿐이다. 에듀케이터라는 게 드러나는 순간은 게스트에게 의견을 물을 때뿐이다. 게스트들의 성장을 위해 함께 할 수 있는 프로그램이 무엇인지, 오늘 코스는 적절했는지 등을 묻는다. 어느 에듀케이터는 자신의 비전과 올해 목표를 밝히고, 현재 어디까지 진행됐는지 이야기한다. 운동을 통해 변해야 한다고 부추기거나, 노골적으로 의미 있는 삶에 대해 이야기하지 않는다. 그저 자신의 변화, 비전, 가치를 이야기할 뿐이다.

룰루레몬이 비전을 실현하는 방법에는 '확산'이라는 단어가 어울린다. 강요하지 않고 권유함으로써 각자의 삶에 맞춰 비전을 실현하고, 그렇게 실현된 비전이 커뮤니티클래스를 통해 은연중 확산된다.

애덤 모건은 《큰 물고기를 잡아라》에서 '등대 브랜드'라는 개념을 소개했다. 모건은 도전자로 성공하기 위해서는 자신들이 누구이고 무엇을 하는 브랜드인지 명확해야 한다고 말했다. 등대는 사람들이 굳이 찾지 않더라도 눈에 띄는 존재다. 이처럼 확고한 정체성을 바탕으로 행동, 이미지, 커뮤니케이션, 조직 문화 등 모든 것을 정렬해두면 자신들의 가치를 일관적으로 보여줄 수 있다. 그리고 고객들은 일부러 찾지 않더라도 자연스럽게 그들의 존재를 인식한다.

룰루레몬은 자기 정체성에 충실한 커뮤니티클래스를 운영함으로써 고객들을 끌어들이고 그들의 가치를 연결하고 있다. 커뮤니티클래스로 일상에 변화를 원하는 '사람'들이 자연스럽게 찾아오게 하고 에듀케이터와의 관계를 통해서 공통의 가치를 연결하는 것이다. 그리고 그들이 자연스럽게 공감함으로써 충성도 높은 고객이 된다. 즉 룰루레몬의 '가치'를 공유하는 커뮤니티클래스는 고객이 룰루레몬을 인식하게 하는 등대 역할을 하고 있다고 볼 수 있다. 등대 브랜드가 되는 것도 결국 가치와 공감에서 출발한다.

chapter
24

러쉬 코리아 ①:

가치가 매뉴얼을 대신한다

많은 사람으로 북적이는 명동에서 두 젊은이가 거품을 만들고 있다. 거품의 상쾌한 향에 어울리는 밝은 표정을 지으며 지나가는 사람들에게 외친다.

"안녕하세요. 신선한 러쉬입니다!"

매장 안으로 들어가자 직원들이 기다렸다는 듯이 경쾌하게 인사한다. 화려한 색깔과 향이 매장을 가득 채우고 있다. 포장되지 않은 채로 쌓여 있기 때문에 향이 더욱 강하게 풍겨온다. 몇몇 제품은 커다란 치즈처럼 도마 위에 놓여 있다. 원하는 만큼 잘라 드린다는 안내도 보인다. 이렇게 파는 이유가 정말 궁금해서 직원에게 물었다.

"왜 포장을 안 하고 파는 거죠?"

"포장이란 건 결국 쓰레기거든요. 불필요한 포장을 해서 쓰레기를 만들면 환경을 오염시킬 뿐이에요. 저희 러쉬는 사람뿐만 아니라 우리가 사는 지구까지 생각하거든요."

너무 진부한 대답이다. 환경 단체면 모를까, 화장품 업체가 그런 말을 하니 마케팅 같다. 그럼에도 생기 있는 직원의 표정과 확신에 찬 목소리에서 진실함을 느낄 수 있다. 근처에 있는 명동 플래그십 매장으로 걸음을 옮겨 같은 질문을 던졌다.

"쓰레기를 줄이려고 하는 거예요. 저희 러쉬는 자연에서 나오는 친환경 재료로 제품을 만드는데, 그러면서 쓰레기를 배출하는 건 말이 안 되잖아요. 그래서 저희는 쓰레기도 만들지 않아요."

앞선 매장과 대답이 약간 다르지만, 전달하려는 뜻은 같다. 어느 매장을 가더라도 '왜 포장이 되어 있지 않느냐?'라는 질문을 하면 모두가 비슷한 대답을 한다. 러쉬의 친환경 정책, 더 나아가 동물실험 반대까지 말하는 직원들이 있다. 똑같은 대답은 하나도 없다. 하지만 말하는 문장은 달라도 전달하는 내용은 모두 같다. 어느 직원에게 물어봐도 러쉬의 가치에 대해서 이야기한다.

"실은 몸에 바르는 로션을 사러 왔어요."

"아, 바디로션이요? 여기 좋은 제품이 있어요. 채러티팟이라고 제일 잘 팔리는 제품이에요. 이 제품은 슬러시SLush:Sustainable Lush 펀드 후원 농가에서 생산한 재료로 만들었어요. 슬러시 펀드는 원재료 구입과 포장에 들어가는 비용의 2퍼센트를 기금으로 조성해서 운영하고 있어요. 이 돈으로 황무지를 구입해서 농민들이 농약과 비료를 사용하지 않은 원재료를 만들 수 있도록 후원하고 있어요. 또 판매 금액은 저희가 후원하는 단체에 기부하고요. 이건 부산에 있는 '민족과 여성 역사관'이라고, 위안부 역사 교육 및 자료를 보존하는 단체에 기부하고 있어요."

나는 단지 로션을 사러 갔을 뿐이지만, 직원의 설명을 통해 내가 사는 로션의 의미와 이야기를 알게 된다. 평소에 기부를 해야겠다는 마음만 있고 실천하지 못했던 나는 이 로션을 사면서 마음의 짐을 덜 수 있었다.

탐스에서 신발을 한 켤레 사면 의도하지 않아도 제3세계 어린이들을 후원할 수 있는 것처럼, 러쉬에서는 환경보호라는 가치를 실현하게 돕는다. 제품과 서비스가 단순한 매출액 증가나 고객 만족을 넘어 가치를 실현한다는 점에서, 러쉬는 필립 코틀러가 이야기한 '마켓 3.0'에 가장 어울리는 브랜드 중 하나이다(표 4 참조).

	목표	기업이 시장을 보는 방식	핵심 콘셉트	기업의 지침	가치 명제	소비자와 상호작용
마켓 1.0	제품 판매	물리적 필요를 지닌 대중 구매자들	제품 개발	제품 명세	기능	일대다 거래
마켓 2.0	고객 만족 및 보유	이성과 감성을 지닌 영리한 소비자	차별화	기업 및 제품의 포지셔닝	기능과 감성	일대일 거래
마켓 3.0	더 나은 세상 만들기	이성과 감성, 영혼을 지닌 완전한 소비자	가치	기업의 미션과 비전, 가치	기능과 감성과 영성	다대다 협력

표 4 **마켓 1.0부터 마켓 3.0까지(출처: 《마켓 3.0》, 필립 코틀러 지음, 타임비즈, p.23)**

제품에 담긴 스토리와 가치에 생명력을 불어넣는 것

마켓 1.0은 제품 중심의 시대였다. 효율적인 대량 생산 시스템을 개발한 헨리 포드는 마켓 1.0 시대의 대표적인 인물이다. 그는 기본적으로 고객의 필요에 맞춰 제품을 만들지 않았다. "사람들에게 무엇이 필요한지 묻는다면 '빠른 말'이라고 대답했을 것"이라는 일화는 헨리 포드의 통찰력뿐 아니라, 시장과 고객을 바라보는 관점도 보여준다. 마켓 2.0 시대는 생산 능력 증대에 정보화 기술이 더해져서 도래되었다. 다양한 상품을 쉽게 비교할 수 있게 됨으로써, 선택의 주도권은 기업이 아닌 고객들에게 넘어갔다. 고객들이 선택의 자유를 누리면서 기업들의 노력은 본격적으로 시작되었다. 선택을 받기 위해 이성뿐 아니라 감성까지 고민하게 된 것이다.

마켓 2.0 시대의 경쟁은 고객을 왕으로 만들었다. 그러나 마켓 3.0 시대가 도래함에 따라, 필립 코틀러는 고객이 아닌 가치가 중심이 될 것이라고 내다보았다. 제품 기능이나 서비스에 대한 만족을 넘어서 좀 더 큰 미션과 가치, 비전을 통해 이 세상에 공헌하는 기업이 마켓 3.0을 리드할 것으로 보았다.

마켓 2.0 기업에게 서비스는 고객 만족 도구이지만, 마켓 3.0에서 서비스는 가치를 연결하는 도구가 된다. 내가 지향하는 가치와 브랜드가 지향하는 가치가 서비스로 연결된다. 내가 지향하는 가치를 자각하지 못했을 때, 브랜드는 마케팅과 서비스, 특히 접점 직원을 통해 잊고 있던 가치를 일깨워줄 수 있다.

러쉬에서 뉴 채러티팟을 구매한다면 서비스가 어떻게 고객의 가치와 브랜드의 가치를 연결시키는지 알 수 있다. 뉴 채러티팟은 슬러시 펀드를 통한 친환경 원료 생산부터 판매 수익금 기부까지 가치 실현에 기반한 제품이다. 뉴 채러티팟을 구매하는 것은 제3세계 농부들, 그리고 가치를 위해 힘쓰는 단체를 돕는 일이며, 지구를 생각하는 행동이기도 하다.

소비를 통한 가치 실현은 여기서 끝나지 않는다. 러쉬에서는 재활용 플라스틱으로 만든 제품 용기를 쓰는데, 블랙팟Black Pot 이라고 부르는 이 용기를 다섯 개 모아서 가져가면 '프레쉬 마스크'로 교환해준다. 블랙팟을 성실히 모을수록 환경보호에 더 적극적으로 동참하는 셈이다. 의도하지 않아도 자연스럽게 러쉬의 가치 실현 활동을 함께 하게 된다. 그런데 만약 러쉬 직원들의 서비스가 계산 및 포장 업무에 국한된다면, 구매 과정에서 러쉬가 지향하는 가치를 제대로 전달할 수 있을까?

굳이 홈페이지를 찾아보는 부지런한 고객들을 제외하고는 러쉬 제품에 담긴 스토리를 접하기 힘들다. 정보 없이 제품만 구매한 사람들은 러쉬 제품의 향과 매장의 인테리어만 기억하기 쉽다. 서비스가 없다면 고객들은 러쉬의 '왜'에 도달하지 못할 수 있다. 그저 '무엇'과 '어떻게'만 느낀 채로 제품을 사용할 가능성이 크다. 접점 직원들의 확신에 찬 표정과 목소리, 제품에 담긴 가치를 전달하기 위해 애쓰는 태도가 있기에 비로소 제품에 담긴 스토리와 가치가 생명을 얻는다.

락슈미 발라찬드는 투자 유치에 나선 185명의 벤처 사업가 동영상

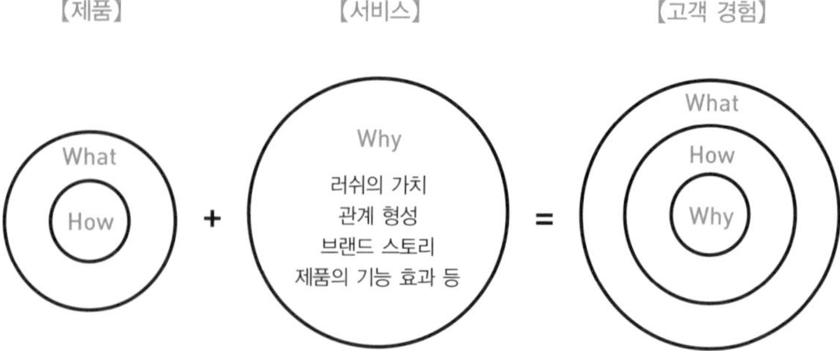

그림 7 **러쉬의 골든 서클 : 서비스를 통해 러쉬의 why가 명확해진다.**

을 분석해보았다.[39] 투자금 유치와 가장 큰 관련이 있는 것은 개인의 경력이나 연설 내용이 아니었다. 자신감과 열정을 가장 많이 표출한 사람이 가장 많은 투자금을 유치했다. 스토리를 말로 전해야 할 경우, 생명력은 문장에 있지 않다. 말보다는 몸에서 나온 에너지가 스토리에 생명력을 불어넣는다. 러쉬 제품에 담긴 스토리는 직원들의 공감 에너지를 통해서 생명력을 얻는다. 고객들은 제품 설명이 아닌 접점 직원들을 통해서 차별화된 가치와 스토리를 경험한다.

39 《프레즌스》, 에이미 커디 지음, 알에이치코리아, p.33

chapter
25

러쉬 코리아 ② :

고객이 불만을 터뜨릴 때 가치를 전달한다

로드숍 직원들은 적극적이다. 매장 밖에서 이벤트를 하는 직원은 물론이고, 매장 안에 대기하고 있던 직원들도 적극적으로 눈을 맞추고 인사를 한다. 가장 먼저 인사를 한 직원이 적극적으로 다가와서 필요한 것을 묻는다. 그런데 을지로 롯데와 인천 롯데, 신세계 백화점의 러쉬 매장에서는 약간 달랐다. '신선한 러쉬입니다', '안녕하세요. 러쉬입니다' 등 인사말은 비슷하지만, 목소리 톤이 좀 낮다.

매장 안에 들어간 이후에도 그렇게 적극적이지 않다. '필요하거나 궁금한 게 있으면 물어보세요'라고 말하기도 한다. 물론 백화점 직원들도 포장을 안 하는 이유나 채러티팟에 대한 설명 등은 동일하다. 그렇지만 전반적인 응대 분위기는 많이 다르다. 로드숍만 방문해본 사람이라면 '러쉬답지 않다'라는 느낌을 받을 수 있다. 그런데 매장 유형에 따른 고객 응대는 러쉬의 가치를 기반으로 한 서비스 문화다.

러쉬가 지향하는 가치 중에서 '모든 고객은 옳다'가 있다. 이 말은 '오직 고객만 옳다'가 아니다. 또 '고객은 무조건 옳다'와도 다르다. 고객 개개인이 지향하는 가치를 인정한다는 의미이다. 모든 고객들의 가치를 인정하는 만큼, 러쉬의 가치와 러쉬 직원들의 가치도 옳다라는 생각이 함께 담겨 있다. 이런 가치에 걸맞게 러쉬에는 매뉴얼이 없다. 매뉴얼로 접점 직원들을 정형화시키지 않고, 직원들 역시 고객을 정의하거나 유형화하지 않는다. 이런 서비스 문화에서는 직원들이 능동적으로 고객을 대하게 되고, 고객에게 무엇이 필요한지를 적극적으로 판단하여 반응한다.

로드숍과 달리 백화점 고객들은 다른 매장을 돌며 쇼핑을 하다가 러쉬 제품의 향에 이끌려 찾아오는 경우가 많다. 그런 상태에서 적극적인 응대는 오히려 피로감을 가중시킬 수 있다. 러쉬 직원들의 소극적인 응대는, 백화점 고객들이 좀 더 편안한 분위기에서 제품의 향과 여유를 즐기며 쉴 수 있도록 하는 배려이다.

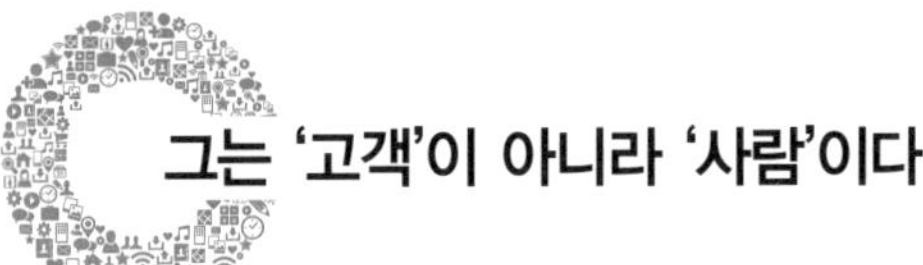

그는 '고객'이 아니라 '사람'이다

2016년 4월, '포장은 쓰레기'라는 러쉬의 철학을 전달하기 위한 '고 네이키드' 캠페인이 명동에서 벌어졌다. 직원과 고객들 50여 명이 최소한의 옷만 걸친 채 앞치마를 두르고 행진하며 과대포장의 심각성을 알렸다. 평소 환경보호를 위해 애쓰는 러쉬는 가급적 고체 형태 제품을 개발한다. 고체 컨디셔너, 비누, 버블바, 마사지

사진 6 러쉬의 'Go naked now' 캠페인

바, 바디버터, 샴푸바 등 제품 대부분이 고체이다.

불필요한 포장을 하지 않기 위해서다. 이성적으로 생각하면 환경을 생각하는 훌륭한 시도이지만 고객에 따라서는 불편을 호소한다. 보관을 잘못하면 녹아버릴 수도 있고, 개인 취향에 따라 고체보다는 액체를 선호할 수도 있다. 또, 선물용인 경우에는 포장을 중요하게 여기는 고객도 많다. 이런 경우 고객 만족 관점에서는 개선을 시도할 것이다. 최소한의 포장을 도입하거나, 원하는 고객들에게는 충분한 포장을 제공해서 불만을 해소하려 할 것이다. 그렇게 하지 않으면 고객을 잃을 수 있기 때문이다.

그렇지만 서비스의 목적이 가치 전달일 때, 고객의 불만이 꼭 위기인 것만은 아니다. 러쉬에서 조직 문화를 담당하는 김민선 씨는 고객이 불만을 터트리는 순간을 '가치를 전달할 수 있는 짜릿한 순간'이라고 표현한다.

"고객들 중에서 비누 위의 먼지나 인체에 무해한 흰곰팡이를 꺼림칙하게 여기거나, 선물을 위해 유난히 포장을 중요시하는 분들이 있어요. 러쉬 전체로 보면 우리나라와 일본 고객들이 그런 성향이 있어요. 이런 분들이 불만을 터뜨리는 경우가 있는데, 이럴 때야말로 가치를 전달할 수 있는 정말 좋은 기회예요. 전달해야 할 메시지가 있으니, 고객이 불만을 표현하는 순간이 짜릿한 순간이 돼버려요."

고객 만족을 기준으로 하면 고객의 불만은 해결해야 할 문제일 뿐이다. 하지만 가치를 전달하는 서비스에서는 그렇지 않다. 서비스의 목적이 다르기 때문에 상황에 대한 인식도 달라진다. 그렇다고 해서 고객이 불만을 터트릴 때 러쉬 코리아 직원들이 불친절하게 대하는 것은 아니다. 기계적으로 고객 만족을 지향하는 직원들보다 오히려 더 적극적이다.

러쉬는 2011년부터 '냄새 나는 콘서트'를 진행했다. 가수들의 공연뿐만 아니라 러쉬의 가치를 체험할 수 있는 공간이 함께 마련되었다. 러쉬 제품을 직접 만들어보기도 하고, 러쉬가 진행 중인 캠페인을 함께 알아갈 수 있는 자리였다. 위안부 할머니 후원을 위한 역사 자료 전시, 장애 청년들이 벌이는 사물놀이 공연 등도 마련되었다. '냄새 나는 콘서트'는 크게 호평을 받았는데, 2014년에 사고가 일어났다. 콘서트장 수용 인원은 8,000명인데 9,500여 명이 방문한 것이다. 1,500여 명이 콘서트장에 들어가지 못하고 발걸음을 되돌려야 했다.

여기저기서 웅성거림이 일고 화가 터져나왔다. 황금 같은 주말에

땡볕에서 줄을 서 기다렸으니 당연한 현상이었다. 사태를 파악한 러쉬는 즉각 행동에 나섰다. 체험 부스를 위해 준비했던 테이블과 의자를 모으고, 입장하지 못한 사람들의 이름과 연락처를 받았다. 즉각적인 대응으로 연락처를 확보한 사람은 총 800명이었다. 입장하지 못한 이들을 위해 '냄새 나는 콘서트 3.5'를 개최하기로 하고, 다음 날부터 직원들이 직접 연락을 하며 철저히 준비했다.

이전 콘서트에서는 제공되지 않던 입욕제와 에코백도 준비했다. 직원들은 콘서트에 초대되지 못하거나 선물을 받지 못하는 고객이 없도록 당일 새벽까지 1만 7,000여 건의 전화 및 게시물, 이메일을 꼼꼼히 체크했다.[40]

'죄송합니다. 그리고 감사합니다. 더 잘하겠습니다'라는 '냄새 나는 콘서트 3.5'의 콘셉트에 걸맞게, 공연 후에는 우미령 대표를 포함한 직원들 80여 명이 머리 숙여 사과를 했다. 콘서트 직후에 온라인에는 러쉬의 적극적인 대처를 칭찬하는 글이 계속해서 올라왔다. 고객들은 크게 만족한 것이다. 하지만 직접 연락을 했던 직원들의 수고와 새롭게 콘서트를 진행한 비용을 생각한다면 과한 대응이란 생각도 버릴 수 없다.

필요 이상으로 고객들에게 미안한 마음을 전달한 이유를, 김민선 주임은 정말로 미안했기 때문이라고 말한다. 황금 같은 주말 시간을 즐겁게 보내기 위해서 콘서트를 찾은 '사람'들에게 정말 미안했기 때문에, 과한 행동이 아니었다는 것이다. 러쉬의 대응은 고객을 그저 고객이 아닌 사람으로 봤기 때문에 가능한 일이었다. 그래도 비용 면에

40 〈동아비즈니스리뷰 No.181〉, 동아일보사, p.86

서는 좀 비효율적이지 않았을까?

"절대 비효율적이지 않았어요. 러쉬의 가치를 전달하는 걸 생각하면 오히려 굉장히 효율적이었죠."

고객들이 불편함을 겪고 불만을 가지게 된 것은 분명 아쉬운 일이었다. 하지만 수습하는 과정에서 러쉬가 지향하는 가치를 정확하게 전달할 수 있었다. 가치 전달을 기준으로 생각한다면, 고객 불만은 '문제'가 아니라 '기회'인 셈이다.

chapter
26

러쉬 코리아 ③:
직원이 행복한 회사는 무엇이 다른가

러쉬에서 서비스 판단 기준은 철저하게 '가치' 전달이다. 고객 만족을 기준으로 생각한다면 이해하지 못할 것들이 많지만, 러쉬가 지향하는 가치를 중심으로 생각하면 모든 것에 고개가 끄덕여진다. 러쉬에서는 서비스 모니터링 역시 관점과 방법이 다르다. 일반적인 서비스 모니터링은 객관식 답안처럼 체크리스트가 정해져 있어서 항목대로 했는지 안 했는지를 평가한다. 평가 결과가 인사에 반영되고, 부진한 부서나 직원은 교육 대상자가 된다. 서비스 모니터링은 회사 입장에서는 개선을 위한 노력이지만, 직원 입장에서 보면 통제 수단이다.

러쉬는 일곱 가지 항목을 가지고 서비스 모니터링을 하는데, 전부 주관식이다. 고객에 따라 경험이 다른 점을 고려해 단일한 항목으로 평가하지 않는다. 고객의 특성에 따라서 같은 직원일지라도 응대가 달라지기 때문이다. 예를 들어 전화로 매장까지 오는 길을 설명했을 때, 어느 고객은 쉽게 잘 찾아오는 반면 길눈이 어두운 고객은 도저히 못 찾을 수 있다. 객관식으로 서비스를 평가할 경우에는 이와 같은 맥락이 모두 무시된다. 러쉬에서는 고객의 시선을 따라가기 위해 사진을 찍어 온다. 러쉬의 서비스 담당자들은 서술된 자료와 사진을 바탕으로 스토리텔링을 한다. 서비스의 맥락을 복원하는 셈이다.

영국의 러쉬 본사에는 매장을 평가하는 '캔디숍 리포트'가 있다. 캔디숍 리포트는 러쉬 직원인 '캔디'가 각 지사 매장을 방문하여 브랜드 이념과 가치를 잘 구현하고 있는지 평가한 내용을 담는다. 매출이나 고객 만족을 떠나서, 러쉬다움을 가장 잘 구현한 매장을 선정한다. 가장 좋은 등급을 받은 매장은 호텔처럼 5성급 매장이라는 칭호를 받는다.

러쉬의 서비스는 앞 장에서 이야기한 스토리텔링 서비스의 원형과도 같다. 러쉬의 직원들은 브랜드 가치의 확신범이라는 생각이 들 정도로 브랜드와 자신을 일치시켰다. 가장 러쉬다운 가치, 이것이 곧 서비스 경쟁력이 되는 것이다.

가치를 담은 스토리를 공유하라

기업 스토리에 어떤 문화와 가치를 담을 것인가? 그 방향과 색깔을 정의하는 것은 영향력이 큰 리더나 창업자의 이야기인 경우가 많다. 대표적인 것이 삼성의 이병철, 이건희 회장, 현대의 정주영 회장 이야기이다. 이런 경우에는 리더의 이야기에 담긴 '왜'가

기업의 '왜'가 된다.

러쉬 역시 가치가 담긴 '창업 스토리'가 제품과 서비스의 방향을 결정하는 씨앗 역할을 한다. 러쉬의 창업자 마크 콘스탄틴은 아내 모 콘스탄틴, 친구 리즈 위어와 함께 1977년 영국의 소도시 풀Poole에서 '콘스탄틴&위어'라는 뷰티 클리닉을 창업하고 환경친화적인 제품을 생산한다. 그러나 별로 주목받지 못하다가 비슷한 가치관을 가진 아니타 로딕의 '더바디샵'을 만나면서 크게 성공한다. 콘스탄틴&위어의 제품이 더바디샵 고객들로부터 각광을 받자 더바디샵은 독점 공급을 원했고, 이 과정에서 콘스탄틴은 회사를 더바디샵에 매각한다.

이후 러쉬의 핵심 창업 멤버가 되는 여섯 명이 모여서 화장품 통신판매업체인 '코스메틱스투고Cosmetics to Go'를 창립한다. 그러나 이들은 체계화된 주문 및 배송 시스템을 갖추지 못해 다시 어려움을 겪다가 회사를 매각한다. 거듭해 실패를 겪었지만 이들은 '신선한 화장품을 착하게 판다'라는 신념을 포기하지 않았고, 1995년 러쉬를 창업하기에 이른다. 창업 이후에도 그들은 처음 품었던 가치를 놓지 않고서 경영상 판단과 생활 방식의 기준으로 삼았다. 해외 지사를 설립할 때에도 창업 이념은 동일하게 나타난다. 영국에서 러쉬의 탄생이 그랬던 것처럼, 해외 지사들 역시 가치 지향적인 설립 스토리를 가지고 있다.

2016년 현재, 러쉬는 전 세계 51개국에서 900개가 넘는 매장을 운영하고 있다. 대부분은 현지 파트너를 통하지 않고 직접 진출했다. 러쉬의 브랜드 철학을 이해하지 못하는 파트너를 만날 경우, 러쉬의 가치가 고객들에게 제대로 전달되지 않기 때문이다.

영국의 러쉬 본사에서 한국 사업자를 선정할 때 기준으로 삼은 건

'러쉬의 철학을 잘 지킬 수 있느냐?'였다. 가장 성장 가능성이 큰 중국 시장을 평가할 때도 마찬가지였다. 중국은 화장품을 수입할 때 반드시 동물 실험을 거쳐야 한다. 성장 가능성과 가치가 충돌할 때에는 많은 회사들이 성장을 택한다. 하지만 러쉬는 가치를 택하고 성장을 포기했다. 러쉬는 회사 창립 때부터 동물 실험을 하지 않았고, 동물 실험을 거친 원료로 제품을 만들지도 않는다. 동물 실험을 반대하는 러쉬는 13억 시장을 포기함으로써 철학을 지키고 브랜드 스토리에 진정성을 더했다. 러쉬의 첫 번째 판단 기준은 브랜드가 추구하는 가치이며, 이윤은 그다음이었다.

가치를 중요시하는 러쉬의 스토리는 러쉬 코리아 직원들의 새로운 이야기가 더해지면서 점점 풍부해진다. 직원들은 러쉬의 가치를 제대로 전달했거나 고객들에게 선물을 받는 경우, 직원들만 공유하는 페이스북과 인스타그램에 적극적으로 알린다. 이런 문화가 러쉬만의 스토리를 공유하는 데 큰 역할을 한다.

내가 써봐서 좋은 제품을 권한다

러쉬 매장에서 제품 설명을 듣다 보면 '써보면'이란 말이 자주 등장한다. 자신의 피부 상태를 이야기하면서 제품 효과에 대해 설명하는 직원들도 어렵지 않게 찾을 수 있다. 자신과 피부 상태가 비슷한 고객을 만나면 더욱 신이 나서 이야기한다. 직접 써보고 효과를 본 제품이기 때문에 확신이 깊다. 제품을 판매한다기보다 '전도'한다는 느낌을 준다. 러쉬 제품을 쓰다가 입사하는 경우가 많아서일까? 제품에 대한 효과와 경험을 전달하는 능력이 남다르다.

매뉴얼과 달리 경험에 의해 체화된 지식은 잊을 수가 없다. 경험에 근거한 응대 능력은 서비스 트레이닝 과정과 결합하여 더욱 향상된다. 트레이너들이 매장 직원들을 교육할 때에는 제품을 함께 써보면서 서로 이야기를 공유한다.

고객들에 대한 응대 역시 '컨설테이션consultation-데모demo-세일즈sales' 단계로 이루어진다. 즉 고객의 욕구를 파악하고 제품 사용을 권한다. 내가 사용해본 제품이기 때문에 어떤 향이 나고 어떤 느낌이 나는지, 그리고 어떤 효과가 있는지 말할 수 있다. 경험은 언어의 산물이다. 세분화된 표현이 세분화된 경험을 낳는다. 러쉬 제품을 처음 사용해본 고객들은 자신의 경험을 정확하게 인식하지 못할 수 있다. 그럴 때 제품을 경험한 직원들의 설명이 고객들로 하여금 구체적인 경험을 인식하게 한다.

> "언어는 경험의 중요한 특징을 추출하고 기억하도록 도와줌으로써, 우리가 나중에 그것을 분석하고 그것에 대해 사람들과 의사소통할 수 있도록 해준다."[41]

러쉬 제품의 다양한 향과 제품을 처음 접한 사람은, 그날의 향과 감촉을 온전히 기억할 수 없다. 이때 러쉬 직원의 설명은 제품에 대한 모호한 지각을 명확한 언어로 저장하게 도와준다.

---

41 《행복에 걸려 비틀거리다》, 대니얼 길버트 지음, 김영사, p.78

행복한 사람이 행복한 비누를 만든다

러쉬의 사내 공지에는 '임직원 여러분'이라는 표현이 없다. 러쉬에 몸담고 있는 모든 이들은 '해피피플'이라고 부른다. 러쉬에서는 고객이 중요한 만큼, 아니 그 이상으로 직원들, 특히 접점 직원들을 중요하게 여긴다. 고객 만족이 아닌 직원 만족과 행복을 우선한다. 러쉬에서는 고객·접점 직원·본사 직원·임원 및 CEO들의 인력 구성을 욕조 구조로 생각한다.

최상단에 고객이 있으면, 대칭적으로 접점 직원들이 존재한다. 접점 직원 아래에는 이들을 지원하는 본사 직원들이 있고, 이들은 임원과 CEO의 지원을 받는다. CEO는 가장 하단에 위치한다. 러쉬 코리아에 고객 서비스를 전담하는 부서는 없지만, 직원들을 지원하는 부서는 존재한다. '러쉬 해피피플 팀', 줄여서 '러플팀'이라 불리는 부서다. 러플팀에서는 고객의 행복만큼 중요한 직원의 행복에 신경을 쓰고, 직원들이 웃을 수 있도록 많은 노력을 한다. 조직의 분위기가 살벌하거나 빡빡한 곳에서 접점 직원들이 웃는 건 감정 노동일 뿐이다. 하지만 조직 분위기가 즐거운 곳에서 웃는 건 어렵지 않은 일이다.

웃음 중에 '뒤센 미소'라는 게 있다. 프랑스 학자인 뒤센의 이름을 딴 것으로, 정말 즐거울 때 입뿐 아니라 눈까지 함께 웃는 것을 뜻한다. 일부 기업에서는 입뿐 아니라 눈까지 함께 웃는 연습을 하기도 한다. 물론 몸이 열리면 마음이 열리기 때문에, 웃으면서 일을 하면 좀 더 행복해질 수 있다. 그렇지만 진짜 웃음은 억지로 나오는 것이 아니다. 연습을 시키기보다는 자연스럽게 웃을 수 있는 즐거운 분위기를 만드는 게 더 필요하다.

러쉬에는 퇴사한 직원이 아르바이트로 다시 들어오는 경우가 종종 있다고 한다. 이유는 '러쉬에서의 행복한 경험'을 잊지 못해서라고 한다. 개인 사정상 전처럼 풀타임 근무를 할 수는 없지만 파트 타임으로라도 일을 하려고 하는 것이다. 퇴사한 직원을 아르바이트로 다시 입사하게 만드는 조직 분위기야말로 러쉬 직원들의 비언어 커뮤니케이션이 자연스러운 이유이다.

chapter
27

삼성의료원 ①:
서비스 혁신은 어디서 시작되는가

국내에서 소위 Big 5로 꼽히는 세브란스병원, 서울대병원, 가톨릭대병원, 아산병원, 삼성서울병원은 각종 평가 지표에서 1위를 두고 경쟁한다. 평가 지표만 보면 어느 병원의 브랜드 파워가 강한지, 고객들의 평판은 어디가 가장 좋은지 우열을 가리기 쉽지 않다.

그동안 병원 교육을 다니며 '가장 친절한 병원', '서비스를 리드하는 병원', '가장 좋은 병원' 등으로 질문을 했을 때, 가장 많이 나오는 병원은 '삼성서울병원' 혹은 '삼성의료원'이었다. 삼성이라는 이름이 기본적으로 가진 브랜드 파워에 더해, 병원 설립 때부터 의료계 최초로 '고객 만족' 개념을 도입해 서비스 혁신을 주도해온 이미지가 겹쳐진 결과다. 의료계에 '고객중심주의'를 가져온 삼성의료원은 최근 변화를 시도하고 있다. '고객 만족' 개념에서 '가치 중심' 서비스로 이동하는 것이다.

서비스에 대한 관점을 바꾸는 것이 먼저다

의료 서비스 산업은 업의 본질 자체가 가치 지향적이다. 병원마다 비전과 미션을 표현하는 말은 다르지만 '사람을 살린다'는 가치는 항상 전제되어 있다. 사람을 살린다는 말을 뒤집어 생각해보면 사람이 죽을 수도 있다는 뜻이다. '사람을 살린다'는 숭고한 가치를 실현하기 위해서는 사람이 죽을 수도 있는 스트레스 상황을 감내해야 한다. 이 스트레스에 노출되어 있는 것은 병원 직원들과 고객 모두 마찬가지다.

우리는 쇼핑이나 외식을 하러 갈 때 설렘을 느낀다. 일상에서 누리지 못한 만족감과 경험을 기대하기 때문이다. 그렇지만 의료 서비스에서는 다르다. 다른 분야와 달리, 의료 서비스를 이용하는 고객들에게는 설렘이 없다. 의료 서비스의 본질은 '일상의 회복'이지 결코 특별한 경험이나 즐거움이 아니다. 특히 3차 의료기관을 찾는 환자들은 1차와 2차에서 치료하기 힘든 경우가 많고, 때로는 실낱같은 희망에 매달리기도 한다.

이런 희망이 절망으로 바뀌었을 때 감정은 폭발한다. 오랜 투병으로 인해 스트레스를 받아온 환자와 가족들이 부정적인 에너지를 터뜨린다. 직원들은 사명감으로 일을 시작했을지라도, 이런 부정적인 에너지 속에서 일하다 보면 지칠 수밖에 없다. 게다가 무조건적인 친절과 고객 만족 정책이 강요될 경우에는 직원들의 피로도가 더 높아진다. 삼성서울병원의 고객 접점 근무자들은 이런 현실을 변화시키기 위해 책임감을 가지고 고민하고 있다.

> "우리는 일종의 원죄 의식을 가지고 있어요. 병원 최초로 고객 만족 개념을 도입해서 전반적인 병원 서비스 수준을 한 단계 올린 건 사실이지만, 그것 때문에 여러 문제가 생기는 것도 사실이거든요. 접점 직원은 없고 고객만 존재한다든지 하는 문제들 말이에요."
>
> – 삼성서울병원 암병원 외래파트장 장향순

삼성서울병원은 현재 고객 접점이 갖고 있는 문제점을 극복하기 위해, 서비스를 바라보는 관점을 조금씩 바꿔나가고 있다. 기존의 고객 만족과 환자 경험에서는 서비스를 업무로 파악했다. 업무 관점에서 보면 모든 서비스는 비슷하다. 접수 단계를 생각해보자. 고객이 왔을 때 인사하고, 예약 확인하고, 다음 장소를 안내한다. 절차적으로 보면 반복적이고 기계적이다. '업무' 관점에서 고객은 모두 동일하며, 모든 고객이 동일한 절차를 경험한다. 이런 관점은 서비스의 일관성 확보라는 면에서는 효과적이다. 다만 눈앞의 고객은 업무 대상이고, 일을 하는 나는 업무의 도구가 되기 쉽다. 서비스를 사람의 관점에서 보면 같은 일이 하나도 없다. 같은 절차일지라도 내가 만나는 사람은 매번 달라지고, 다른 사람을 상대하는 만큼 똑같은 일은 존재하지 않는다.

삼성서울병원이 지향하는 '환자 가치 중심의 서비스'는 서비스를 업무가 아니라 사람의 관점에서 바라본다. 고객이 아닌 환자이고, 환자 중심이 아닌 환자 가치 중심이다. 판매나 매출 확대, 고객 만족이 본질이 아닌, 치료가 본질인 서비스다. 삼성서울병원이 생각하는 환자 가치는 '치료 과정에서 발생하는 니즈와 궁금증 해소'이다. 이는 사람마다 모두 다르다. 같은 병일지라도 사람마다 느끼는 통증과 불편함이 다르고, 병에 대한 사전 지식도 다르다 보니 같은 치료를 받아도 다른 경험을 할 수밖에 없다. 그런데 어떻게 환자 하나하나 다 맞춰줄 수 있을까? 당연히 이런 의심이 들 수도 있다.

하지만 한번 생각해보자. 평소 우리는 매뉴얼이 없더라도 다양한 '사람'들과 소통하며 지낸다. 사람에 따라 관계의 밀도가 다르고, 자연히 오고 가는 정보가 다르다. 사람이 바뀌었는데 여전히 똑같은 서비스가 제공된다는 게 오히려 어색한 일이다. 접점에서 이루어지는 서비스는 일관되고 균질해야 한다는 '신화'에서 벗어나면 사람이 보이고, 그 사람에게 맞는 서비스를 제공하며 관계를 만들 수 있다.

임상교육파트의 백주혜 책임은 업무 중심이 아닌 '사람 중심'의 서비스가 이루어지기 위해서는 기술 전수보다 '가치의 공유'와 '관점의 일치'가 앞서야 한다고 생각한다.

"하나의 지침으로는 다양한 사람들과 병원 현장의 무수한 상황을 통제하기 불가능하거든요. 환자 경험을 개선하기 위한 모든 노력들도, 결국은 직원들의 선택과 행동에 의해 결정돼요. 흩어져 있는 우리 직원들의 관점과 마음을 같은 가치로 정렬한다면 고객마다 다른 서비스를 경험할지라도, 전체적으로 보면 우리 병원만의 서비스 패턴들이 만들어지고, 이 패턴들이 모여서 우리 병원의 서비스 문화를 만들 거예요."

chapter 28

삼성의료원 ②:
공감할 수 있어야 서비스할 수 있다

하버드대학 심리학과 교수인 앨렌 랭어는 저서 《마음 챙김》에서 "삶에서 벌어지는 일에 기계적, 무의식적으로 반응하지 않고, 깨어 있는 마음으로 주의를 기울이면, 스트레스를 줄이고, 수많은 문제를 예방하며, 창의력을 높이고, 성과를 향상시킬 수 있다"라고 주장한다. 이러한 '마음 챙김' 상태의 반대는 '마음 놓침'이다. 마음 놓침은 새로운 가능성을 염두에 두지 않고, 관습에 따라 수동적이고 반복적으로 행동하는 상태다. 앨렌 랭어는 이를 '집에 불은 켜져 있으나, 사람이 없는 것과 마찬가지'라고 묘사했다. '마음 놓침'은 대상이 익숙하거나, 이미 형성된 마인드 세트mindset:사고방식의 지배를 받거나, 우리가 범주를 만들어놓고 그 안에 갇혀버리는 경우다.

앨렌 랭어 교수는 사람들에게 '감독'과 '조수'라는 명칭을 부여하고 수학 문제를 풀게 했다. 그러자 '조수'라는 꼬리표가 붙은 사람들은 본인이 쉽게 풀었던 문제조차 못 푸는 일이 발생했다. 앨런 랭어 교수에 따르면 "자신의 능력에 강한 자신감을 가지고 있던 사람들조차도 자신을 특정하게 묘사하는 꼬리표를 별 생각 없이 받아들이고 나면 그 자신감을 잃을 수 있다"[42] 고 한다.

고객 접점에서 발생하는 대표적인 '마음 놓침'은 '고객-직원'이라는 이분법적 분류다. 고객은 접점을 방문한 사람의 여러 가지 속성 중에서 오로지 '구매'라는 특징만을 부각시킨 표현이다. 이 표현으로 인해 '구매'와 연결되지 않은 다른 특징들은 싸그리 묻혀버린다. 접점 직원을 대상으로 한 커뮤니케이션 교육도 이런 이분법적 사고에 근거해서 구성되어 있다. 고객과의 커뮤니케이션은 '고객 응대', 직원과의 커뮤니케이션은 '소통'이라는 주제로 이루어지는 게 일반적이다.

접점에 존재하는 사람들직원, 고객 을 '가치'라는 관점에서 생각해보면 차이보다 공통점이 더 많다. 가장 큰 공통점은 '사람'이다. 두 번째 공통점은 가치 전달을 위해 같은 방향에서 노력하는 관계다. 서비스를 팔고 구매하는 관계가 아니다.

병원에 방문한 환자들은 치료를 통해 일상의 회복, 일상의 행복이라는 가치를 얻기 위해 노력한다. 병원의 간호사, 직원, 의사들은 환자들의 가치 실현을 돕기 위해 함께 노력하는 '조력자'들이다. 똑같은 '사람'이고 같은 가치 실현을 위해 노력한다고 생각하면, 커뮤니케이션 교육을 직원과 고객으로 분리할 이유가 없다. 동료와 공감하고 소통할 수 있는 직원은 고객과도 공감하고 소통할 수 있는 기본 역량을 갖췄을 것이다. 특히, 조직 안에서 일하는 '사람'이라면 모두 기본적

42 《마음 챙김》, 앨렌 랭어 지음, 더퀘스트, p.89

인 소통 역량은 지녔을 것이다.

소통이 안 되는 것은 마음과 환경의 문제일 수도 있다. 내가 어렵고 힘들기에 남까지 생각할 수 있는 마음의 여유가 없고, 소통을 하고 싶어도 계기가 없어서 못할 수 있다. 그렇다면 이런 환경과 문화를 바꾸는 일이 무엇보다 중요해진다.

소통을 강조하는 가장 큰 이유

삼성서울병원은 2016년 국가고객만족도 평가를 앞두고, 1,500여 명 직원들을 대상으로 커뮤니케이션 교육을 실시했다. 당시 원내에서는 우수한 평가를 받기 위해서 전 직원을 대상으로 CS 교육을 시행해야 한다는 의견도 있었다. 하지만 '안에서 통하는 사람은 밖에서도 통한다'는 생각 아래 부서 간, 직급 간 커뮤니케이션 교육을 진행했다. 단순한 대화 기술을 주입하는 게 아니라, 직원들이 서로 마음을 열게 하는 데 집중한 교육이었다.

커뮤니케이션 교육은 '서클' 형태로 진행이 됐다. 책상을 치우고 둘러앉은 직원들은 토킹스틱[43]을 들고 한 명씩 이야기를 나눴다. 하나의 서클 안에 있던 직원들이 모두 이야기를 했다. 동료가 이야기를 하는 동안에는 그 누구도 끼어들지 않았다. 또한 서클에서 나온 이야기를 다른 곳에 옮기지도 않았다.

---

43 토킹스틱(Talking stick): 북미 인디언들이 회의 때 사용했던 이야기 도구로서, 공동체를 상징하거나 구성원들이 합의하여 정한 물건. 이것을 든 사람만 말을 하고 나머지는 경청한다.

삼성서울병원의 토킹스틱은 '물방울' 모양의 작은 지팡이였다. 이것은 지금까지 삼성서울병원 성장의 밑거름이 되었던 땀과 눈물을 의미했다. 서클에서는 삼성서울병원 입사 당시에 느꼈던 점과 병원 생활 중 가장 감동받은 순간에 대한 이야기를 나눴다. 이야기의 주제는 '차이점'이 아닌 '공통점'이었다. 서로 다른 부서에서 다른 업무를 하느라 '우리 병원'과 '우리 동료'라는 공통점을 보지 못한 '마음 놓침' 상태를 회복하고, 삼성서울병원 구성원으로서 정체성을 강화할 수 있는 주제였다.

삼성창원병원의 경우에는 '우리'라는 의식을 공유할 수 있는 추억을 만들어 소통을 강화했다. 2015년 10월 24일, 합천 영상테마파크에 삼성창원병원 직원들이 어색한 표정과 복장으로 모였다. 120명 정도 되는 이들은 한복, 군복, 태극기, 각시탈과 같은 도구와 의상을 활용하여 촬영을 시작했다. 일부는 배우가 되고, 일부는 감독과 촬영 담당이 되었다. DSLR과 핸드폰, 디카와 셀카봉 같은 촬영 도구를 활용해 아마추어 느낌이 물씬 풍기는 동영상을 촬영했다. 이날 행사는 삼성창원병원이 준비한 '전 직원이 함께하는 1박 2일 친구 만들기 프로젝트 둥글게 둥글게'였다. 오로지 소통을 위해, 전체 직원의 약 10퍼센트에 해당하는 인력을 매년 이 캠프에 참여시키고 있다.

삼성창원병원의 소통을 위한 노력은 이에 그치지 않는다. '병원을 바꾸는 시간, 더 챌린지 토크쇼'를 통해 임직원들 간 소통의 장을 마련한다. '병바시'로 부르기도 하는 이 행사는 2013년에 시작되어 현재까지 이어지고 있다. 시즌 1에서는 직원들이 강연자가 되어 직장 내 소통을 위한 이야기를 공유했다. 시즌 2에서는 시즌 1이 일방적인 전달에 그쳤다는 반성에 따라, 말하는 직원과 듣는 직원들 간의 소통을 강화했다. 시즌 3은 MC를 도입한 토크쇼 방식으로 진행되었다. 2016년 '병바시'에서는 순환기내과 오주현 교수와 박용환 교수를 게스트로 섭외하고, 정형외과 김동희 교수와 재활치료팀 박세진 주임이 MC를 맡아, 삼성창원병원의 심장혈관센터에 대해 진솔한 이야기를 나눴다.

삼성창원병원에서 소통을 강조하는 이유는 삼성서울병원과 비슷하다. 원활한 소통이 원활한 서비스를 위한 전제조건이라고 보기 때문이다. 서비스 산업에서 고객의 동선을 바닥에 표시해 안내하는 곳은 병원뿐일 것이다. 그만큼 병원은 환자의 이동이 많고 치료와 관련된 유관부서들이 많다. 단일 부서에서 이루어지는 일은 거의 없다. 접수, 진찰, 검사, 치료, 수술, 입퇴원 등 모든 부서들의 업무가 유기적으로 연결되어 있다. 고객들 눈에는 보이지 않는 관계들도 거미줄처럼 얽혀 있고, 이들 모두가 환자의 건강과 생명에 영향을 미칠 수 있다. 병원 내의 청소는 청결뿐 아니라 감염과 관련이 있고, 폐기물 처리는 오염 및 감염 예방과 관련이 있으며, 환자들의 식사는 식도락이 아닌 회복을 위한 도구이다. 수많은 조직들이 환자들의 건강 회복이라는 목표를 위해 협력하다 보니, 부서 내 소통은 효율적인 서비스 제공을 위해 전제되어야 하는 것이다.

감정에 공감하는 능력

농구공 제작 업체인 스팔딩은 고객이 되어보는 체험을 통해 서비스와 제품을 개선한다. 나이키의 미국 본사에는 운동을 할 수 있는 트랙, 농구장 등이 구비되어 있다. 내가 직접 고객이 되는 경험을 하면서 고객과의 공감 지수를 높이는 것이다. 삼성창원병원에서도 환자에게 공감하기 위한 서비스 체험이 이루어지고 있다.

병원 이용 시에 가장 불만이 많은 것은 대기시간이다. 대기시간을 획기적으로 줄이기란 현실적으로 쉽지 않다. 미국의 의료 혁신을 다룬 도서 《환자는 두 번째다》에는 병원 대기시간과 관련된 이야기가 실려 있다. 가장 먼저 대기시간 문제를 해결하기 위해서 예약 시스템을 도입했다. 두 번째로는 의사를 두 배로 늘렸다. 그렇지만 생각만큼 효과를 보지 못했다. 그러다 세 번째로 도입한 방법이 '감정에 공감'하는 것이었다. 대기 환자에게 우선 '오래 기다리게 해서 죄송합니다'라 말하고, 진료실로 안내하는 간호사가 다시 한 번 사과를 했다. 마지막으로 의사가 사과를 했다. 이후 놀랍게도 예약 시스템을 도입하고 의사를 늘려도 없어지지 않던 대기시간에 대한 불만이 사라졌다.

삼성창원병원에서는 기다리는 고객들의 불편을 느껴보기 위한 이벤트를 진행했다. 고객들이 가장 많이 몰리는 시간을 택해 주차장에서 생수와 핫팩을 전달했다. 이벤트를 주관한 한 직원은, 참여한 대부분의 직원들이 처음에는 불만이었다고 전한다. 업무만 해도 바쁜데 시간을 쪼개서 핫팩과 생수를 나눠 줘야 하니 좋아할 사람은 아무도 없다. 그런데 재미난 것은, 이벤트에 참석한 후 직원들의 반응이다.

"막상 해보니 고객들이 주차장에서 기다리는 일조차 얼마나 불편한 건지 알겠더라고요. 저만 그렇게 느낀 게 아니라 행사에 참여한 모든 직원들이 정말 의미 있고 좋은 기회였다고 해요."

두 가지 사례에서 이솝우화에 나오는 해님과 바람 이야기를 떠올리게 된다. 억지로 바람을 불게 하는 것처럼 제도를 도입하면 저항을 가져올 수 있다. 반면, 상대방의 상황에 공감을 하게 되면 자연히 행동도 변한다. 공감하고 소통하는 문화가 정착되지 않은 회사라면 도입하기 힘든 방법일 수 있으나, 공감이 일상적인 삼성창원병원에서는 가장 효과적인 방법이었다.

chapter
29

삼성의료원 ③ :

서비스 교육의 목적은 무엇인가

외부 교육업체를 통한 CS 교육은 일장일단이 뚜렷하다. 첫째, 서비스 수준이 평균 이하라면 가장 효과적으로 업계 평균 수준까지 끌어올릴 수 있는 노하우를 제공한다. 둘째, 서비스 트렌드와 타 기업 사례 정보를 많이 가지고 있다. 강사 및 교육업체별로 차이는 있겠으나, 사내 강사들에 비해서는 더 많은 정보를 보유하고 있다. 세 번째는 교육생들에게 신선함을 줄 수 있다. 익숙한 동료가 강의를 할 때보다 새로운 강사가 진행할 때 몰입도가 높아진다.

단점은 장점과 맞물려 있다. 첫째, 브랜드 가치를 전달하는 서비스 교육이 불가능하다. 외부 강사는 '고객 만족'이라는 보편적인 가치를 전달하는 데 익숙하다. 고객 지향적이며, 어떻게 하면 고객의 중요성을 잘 전달할 수 있는지를 가장 많이 고민한다. 반면 직원이 아니기 때문에 브랜드 가치에 대한 공감이 부족할 수 있다.

나 역시 서비스에 가치, 특히 브랜드 가치를 담아야 한다는 이야기를 한다. 하지만 출강하는 모든 회사의 가치에 공감할 수는 없다. 결국 브랜드 가치에 공감해야 한다는 원론적인 이야기밖에 할 수 없다. 루트번스타인은 저서 《생각의 탄생》에서 창의적인 생각은 '감각'으로부터 나온다는 말을 한다. 브랜드 가치를 담은 창의적인 서비스 역시 그렇다. 동료들과 생활하고, 고객의 눈을 바라보고 직접 음성을 들은 직원들은 그들을 떠올리며 새로운 서비스를 고민할 수 있다. 하지만 외부 강사들은 감각적으로 경험한 바가 없기에 언어로 표현하기 힘든 맥락을 정확하게 이해하기 어렵다. 반면 '고객 만족'이라는 가치를 기본으로 한, 눈에 보이는 '친절' 만들기 교육은 능숙하게 할 수 있다.

두 번째 단점은 차별화된 교육과 서비스가 불가능하다는 점이다. 이는 첫 번째 단점과 연결되어 있다. 사내 강사의 '왜'는 브랜드 가치이지만, 외부 강사의 '왜'는 보편적인 '고객 만족'일 확률이 크다. 맞춤 교육을 제공한다고 하겠지만, 차별화된 교육은 거의 불가능하다. 우리 회사에서 받았던 그 교육은 다른 어느 회사가 이미 받았고, 앞으로도 받을 교육이다. 맞춤 서비스 교육을 잘 들여다보면 사례만 교육을 의뢰한 고객사 것을 가져다 쓴 경우도 있다.

물론 워크숍과 퍼실리테이션facilitation[44] 기법을 활용한다면, 직원들이 가진 암묵지[45]를 형식지로 전환할 수 있다. 즉, 체화되어 있지만 표

44 불편하고 비효율적인 방식을 개선하여 회의가 제대로 잘되게 하는 것을 예로 들 수 있다. 진행자인 퍼실리테이터가 중립적인 입장에서 참가자들의 의견을 끌어내고 숙고하여 결론에 도달할 수 있도록 돕는다.

45 암묵지(暗默知, tacit knowledge) : 헝가리 출신의 철학자 마이클 폴라니의 조어. 언어 등의 형식을 갖추어 표현될 수 없는, 경험과 학습에 의해 몸에 쌓인 지식이다. 암묵지가 형식을 갖추어 표현된 것을 형식지라고 한다.

현되지 않았던 경험들이 공유 가능한 지식으로 전환된다. 직원들의 참여와 경험 공유를 통해서 맞춤 서비스 교육이 될 수 있는 것이다. 하지만 티칭 형태의 교육에서는 차별화된 교육과 서비스를 고민하기 힘들다.

세 번째, 서비스를 문화로 정착시키기 어렵다. 앞서 말했듯이 러쉬에서 서비스는 문화다. 서비스를 전담하는 부서가 없고 별도로 외부 교육을 받는 일도 없다. 청년장사꾼도 마찬가지다. 현장에서 동료를 통해 자연스럽게 배우고, 코칭을 통해서 성장하게 된다. 외부 강사 교육을 통해서는 서비스를 문화로 정착시키는 데 한계가 있다.

그렇다고 해서 이런 교육이 전혀 효과가 없는 것은 아니다. 눈에 보이는 친절이 중요한 브랜드나 절대적인 고객 만족을 지향하는 브랜드도 있고, 지나치게 고객 불만이 많은 회사일 경우에는 짧은 시간 안에 서비스를 일정 수준으로 끌어올릴 수도 있다. 다만 서비스를 통해 브랜드 가치를 전달하는 것에는 한계가 있다.

서비스의 가치를 찾아주어야 한다

삼성서울병원이 사내 강사 제도를 강화한 것은 문화와 가치를 담은 서비스를 만들기 위한 첫걸음이었다. 그동안은 외부 업체를 통해 교육을 진행했다. 삼성서울병원에서 방향을 제시하면, 교육업체가 거기에 맞춘 교육 과정 및 코칭을 진행하는 형태였다. 일반적인 환자 경험에는 최적화되어 있지만, 직원의 행복에서 출발하는 서비스, 문화로 정착된 서비스를 생각한다면 분명히 한계가 있는 교육 형태였다.

2016년 9월, 삼성서울병원은 행정, 간호 등 다양한 직군에서 15명을 선발하여 사내 CS 강사로 양성했다. 사내 강사 중 3분의 1이 파트장이었고, 나머지도 간부급에서 선발했다. 기본적인 업무뿐만 아니라, 삼성서울병원의 문화를 잘 알고 있는 강사를 양성하기 위해서다. 양성 과정에는 기본적인 교안 전수, 타 산업의 우수 서비스 사례 공유 외에 스토리텔링 워크숍과 연극배우에게 배우는 비언어 커뮤니케이션 교육 등이 포함됐다. 단순히 강의를 잘하는 강사 양성이 아니라, 삼성서울병원의 이야기를 공유하는 '스토리텔러'로서 기초 역량을 갖추는 것이 목적이었다.

2017년 사내 강사 양성 교육에서는 '사람'을 이해하고 '콘텐츠'를 자신의 시선으로 읽고 쓰는 일에 초점을 맞추었다. 서비스를 업무가 아닌 '사람'의 관점에서 바라보기에 '사람'에 대한 고민을 담아 '문학'을 읽고 글을 쓰는 것이다. 이후에는 '나'를 이해하고 나의 가치에 대해 고민하는 과정을 진행할 예정이다. 이 과정을 진행하는 이유는 크게 두 가지다. 우선, 나의 '가치'가 명확하지 않은 사람이 회사의 가치를 담은 콘텐츠를 만들고 전달할 수는 없기 때문이다. 나의 가치를 담은 콘텐츠말과 글를 만들 수 있는 사람이 회사의 가치를 담은 서비스 콘텐츠를 만들 수 있다. 두 번째는 고객 접점 업무를 수행하면서 강사 업무를 병행한다는 특수성 때문이다. 원내 강사를 하다 보면 다른 동료들보다 더 많은 일을 할 수밖에 없다. 그런 상황에서 이 일을 하는 이유가 명확하지 않다면 몰입할 수 없다.

사진 7 **삼성서울병원 강사 양성 과정 모습**

삼성서울병원 원내 강사의 공식 명칭은 'CS 바이털라이저 CS vitalizer'이다. 사내 강사 양성을 담당하고 있는 임상교육파트의 신기영 파트장은 사내 강사의 역할을 단순한 콘텐츠 전달자로 한정하지 않는다.

"우리 원내 강사께 기대하는 역할은 크게 두 가지예요. 1차적인 목표는 우리 병원의 가치와 문화를 담은 서비스 콘텐츠를 만들고 전달하는 거지요. 향후에는 원내 교육의 70퍼센트를 우리 강사들께서 소화해주실 겁니다. 두 번째로는 우리 병원의 서비스 문화를 변화시키는 역동적인 역할을 해주실 거라 기대하고 있어요. 우리 병원의 가치를 체화하고, 동료들에게 영향을 끼칠 거예요. 그래서 공식 명칭도 그냥 강사가 아닌 'CS 바이털라이저'입니다."

하미란 책임은 대표적인 'CS 바이털라이저'이다. 그는 강사로서 부서원들에게 해줄 수 있는 게 무엇인지 고민한 끝에 '우리 일의 가치를 찾아주자'는 결론을 내렸다. 2016년 연말에는 부서원들 및 그 가족들의 사진과 동영상을 모아서 연말 송년회를 위한 영상을 제작했다. 우리가 하는 일이 우리 가족과 우리 병원, 그리고 나에게 어떤 의미가 있는지 상기시켜줌으로써 업무에서 오는 피로를 덜고자 했다. 또한 고객만을 위한 서비스가 아니라 나와 가족, 우리 병원을 위한, 그리고 가치를 회복시키기 위한 노력이었다.

삼성창원병원 역시 외부 강사보다는 원내 강사들의 교육을 선호한다. 특히 삼성창원병원 재활팀은 모두가 사내 강사로 활동하고 있다. 이들은 번갈아가면서 한 달에 한 번씩 서비스 교육을 진행한다. 그러다 보니 본인이 교육할 차례가 아니어도, 서비스에 좀 더 고민을 하게 된다. 처음에는 업무에 부담을 준다는 의견도 많았지만, 2년이 지난 후부터는 재활팀원들의 행동과 생각에 조금씩 변화가 보였다.

우선은 비언어적인 변화가 눈에 띄었다. 마지못해 인사하는 게 아니라 정말 안부가 궁금해서 인사를 주고받았다. 인사가 변하니 유대감Rapport을 형성하기도 훨씬 수월해졌다. 작지만 환자에게는 영향이 클 수 있는 서비스 제안들도 조금씩 활성화됐다. 대표적인 서비스가 '치료 중 진료 예약 서비스'다. 재활 치료를 받으러 왔지만, 내과나 정형외과 진료를 필요로 하는 경우가 있다. 이때 재활치료사에게 진료 예약을 요청하면, 번호표 발급과 같은 별도의 절차 없이 예약이 가능하다.

이 서비스가 생긴 뒤 다른 과목 치료를 함께 받는 환자들이 증가했다. 재활 치료를 담당하는 직원 입장에서는 귀찮을 수도 있는 서비스다. 추가적인 인센티브가 발생하지도 않고, 인사고과에 반영이 되는 일도 아니다. 하지만 사내 강사 업무를 하면서 일상적인 업무를 다른 시각으로 관찰하게 됐다. 단순히 정보를 전달하던 사내 강사가 변화를 가져오는 서비스 리더로 성장한 것이다. 이런 활동 경험이 쌓여감에 따라, 사내 강사들은 서비스를 교육이 아닌 문화로 체화시키는 징

검다리 역할을 하게 된다.

서비스를 교육이 아닌, 문화로 정착시키기 위해서는 내부의 시선이 필요하다. 외부의 시선으로 진단하고 평가하며 강의하는 것이 아니라, 내부의 시선으로 공감하고 고민하며 행동하는 이들이 필요하다. 삼성의료원은 교육을 위한 서비스 강사를 양성하는 것이 아니라, 변화를 위한 서비스 리더를 양성하는 데 힘쓰고 있다.

chapter
30

스타벅스 코리아 ①:
"나는 스타벅스를 가기 위해 커피를 마신다."

2008년 3월 4일, 전 세계의 스타벅스 임원 200여 명이 3일간의 회의를 위해 한자리에 모였다. 경영 위기로 인해 하워드 슐츠가 복귀한 지 얼마 되지 않았을 때였다. 하워드 슐츠는 자리에 모인 임원들을 향해 입을 열었다.

"비틀스 해체가 언제 시작되었냐는 질문에 대해 폴 매카트니가 답한 내용을 읽은 적이 있습니다."[46]

폴 매카트니에 따르면, 붕괴의 시작은 비틀스의 절정기였던 1965년이었다. 그해 여름, 비틀스는 처음으로 뉴욕의 시스타디움에서 공연을 가졌고, 5만 5,000명의 팬들이 모여 열광했다. 이 공연은 비틀스의 성공을 상징했다. 비틀스로서는 처음 갖는 대규모 공연인 동시에, 팬들의 아우성과 혼돈 때문에 자신들이 연주하는 음악을 들을 수 없

46 《온워드》, 하워드 슐츠 지음, 8.0, p.174

었던 첫 공연이기도 했다. 또한 비틀스의 예술이 인기에 묻히기 시작한 공연이었다. 폴 매카트니는 대규모 공연이 시작되면서부터 비틀스 해체가 시작되었다고 말한다.

하워드 슐츠가 스타벅스에 복귀한 것 역시 스타벅스가 세계적인 규모로 성장한 이후다. 고객을 친근한 이웃이 아닌 매출로 인식하고, 회사가 지향하는 가치 대신 실적만을 추구하는 풍조가 퍼지면서 스타벅스의 본질적인 가치가 흔들렸다. 하워드 슐츠는 현장으로 복귀했고, 임원들에게 질문을 던졌다.

"우리가 더 이상 우리의 음악을 못 듣게 된 게 언제부터입니까?"[47]

하워드 슐츠가 스타벅스에 복귀한 것은 단순히 경영상의 수치가 하락했기 때문만은 아니다. 하워드 슐츠는 성장이 아닌 스타벅스 경험을 집요하게 추구했다. 성장은 스타벅스 경험의 결과였다. 그런데 어느새 성장이 곧 '왜'가 돼버렸다. 하워드 슐츠는 성장하는 스타벅스에서 스타벅스의 균열을 느꼈다. CEO에 복귀하고 난 이후에 위기 극복을 위한 재무적, 관리적인 조치들도 시행했지만, 그가 열정적으로 추구한 것들은 대부분 스타벅스 경험을 회복시키기 위한 노력이었다.

하워드 슐츠가 말하는 스타벅스 경험

하워드 슐츠의 《스타벅스, 커피 한 잔에 담긴 성공 신화》에서 스타벅스 경험을 맛의 낭만', '서비스의 낭만', '분위기의 낭만'이라고 이야기했다. 즉, 스타벅

47 같은 책, p.174

스 경험을 구성하는 것은 파트너와 버디(고객을 일컫는 스타벅스의 용어)와의 관계, 커피 본연의 맛과 향, 그리고 집과 사무실을 넘어 제3의 공간으로 기능을 하는 매장 내 경험이다.

맛의 낭만

고객들이 어느 지역, 어느 매장을 방문하더라도 좋은 커피 맛을 항상 느낄 수 있어야 한다. 이를 위해 항상 좋은 원두를 구매하여, 그 원두의 맛과 향을 가장 잘 끌어낼 수 있는 배전을 연구한다. 원두의 맛과 향이 유지될 수 있도록 배송과 보관을 연구한다. 매장에서는 정확한 기준으로 에스프레소를 추출해낸다. 커피의 98퍼센트는 물이기 때문에, 커피 맛에 영향을 주지 않도록 물에도 신경을 쓴다.

서비스의 낭만

스타벅스가 지닌 가치를 고객들에게 직접 전달하는 것은 결국 '파트너'들이기 때문에, 스타벅스는 오랜 기간 제품의 홍보보다는 파트너 교육에 더 많은 비용과 노력을 쏟았다. 신입 바리스타는 커피에 대한 지식뿐만 아니라 스타벅스의 가치를 습득하기 위한 교육을 받아야 한다.

분위기의 낭만

스타벅스 매장은 고객들에게 가정과 일터의 긴장감에서 벗어날 수 있는 제3의 공간이다. 스타벅스 매장 내에서 보고, 듣고, 냄새를 맡는 그 모든 것들을 세심하게 다뤄야 한다. 하워드 슐츠가 이탈리아의 에스프레소 바에서 영감을 받았던 것은 커피 맛뿐만 아니었다. 커피를 추출하는 소리와 향, 매장의 분위기 등 모든 것들이 그에게 강한 영감을 주었다. 하워드 슐츠는 자신이 받았던 영감을 스타벅스 매장에 방문하는 모든 이들과 나누길 원한다.

(출처: 《스타벅스, 커피 한 잔에 담긴 성공 신화》, 하워드 슐츠 지음, 김영사, p.278~282)

스타벅스 경험의 핵심은 무엇인가

스타벅스 경험의 가장 큰 핵심은 관계에서 오는 유대감이다. 스타벅스가 미국에서 빠르게 성장할 수 있었던 원동력 중 하나는 바리스타와 고객과의 관계가 남달랐기 때문이다. 하워드 슐츠는 이탈리아의 한 에스프레소 바에서 바리스타와 주민들 사이의 친근한 관계를 목격했고, 고객이 아닌 사람과 사람 사이의 유대 관계가 스타벅스에서 이루어지길 원했다.

앞서 말했듯, 스타벅스에서 고객은 '커스토머'가 아닌 '퍼슨'이고, 비즈니스 대상이 아닌 관계의 대상이다. 스타벅스의 사명 선언에서는 고객과 스타벅스의 관계에 대해 다음과 같이 이야기한다.

"우리는 정성을 다해 고객과 유대감을 쌓고 고객의 삶을 풍요롭게 만든다. 그 시작은 완벽한 음료를 제공하겠다는 약속이지만, 우리의 일은 거기에서 끝나지 않는다. 핵심은 인간적 유대감이다."

스타벅스 고객 서비스의 목표는 '유대감이 느껴지는 관계의 형성'이다. 이러한 관계의 힘은 스타벅스 커피 가격에 대한 부담감을 뛰어넘게 할 만큼 강력하다. 늦은 퇴근길에 달달한 '커피 더블샷'을 마시고 싶어서 스타벅스 이촌점에 간 적이 있다. 지방 출장을 다녀오는 길이어서 몹시 피곤한 얼굴로 메뉴판 앞에 서 있었다. 낯은 익지만 대화를 나눈 적은 없는 바리스타 '료마'가 인사를 했다. 형식적으로 고개만 끄덕이고서 커피 더블샷을 주문하려는데, 료마가 말했다.

"커피 더블샷?"

마음을 읽힌 것 같아 정말 깜짝 놀랐다. 바리스타 료마와 눈이 마주친 순간, 둘이 동시에 웃음을 터뜨렸다.

"어떻게 아셨어요?"

"예전에는 리저브 커피를 많이 드셨는데, 요즘에는 커피 더블샷을 많이 드시더라고요."

다시 한 번 유쾌하게 웃으면서 커피 더블샷을 주문했다. 바리스타는 평소에 내가 마시던 메뉴를 기억해서 이야기해주었을 뿐이지만, 나로서는 마음을 알아준 것 같아서 기뻤다. 이런 일이 한 번 생기고 나면, 그 바리스타를 다시 만났을 때 좀 더 반갑게 느껴진다. 사람이 붐벼 짧은 주문을 주고받는 상황에서도 눈인사를 나누게 된다.

이 매장에서는 료마뿐만 아니라 모든 바리스타들이 책에서나 읽을 수 있던 스타벅스 경험을 제공하고 있다. 지난번에 마셨던 리저브 커피를 기억하고, 새로운 커피를 추천하기도 한다. 늦은 시간에 혼자 리저브 커피를 마시면서 세 명의 바리스타들과 계속해서 대화를 나눈 적도 있다. 이런 경험이 누적되면 커피를 마시러 스타벅스에 가는 것이 아니라, 스타벅스에 가기 위해 커피를 마시게 된다.

스타벅스 경험은 고객과 직원 사이의 갑을 관계를 인간적인 유대관계로 변화시킨다. 이런 관계 속에서는 고객 불만이라는 개념도 약해지고 서비스 평가도 '친절하다', '불친절하다'라는 기준에서 벗어난다. 평소와는 다른 서비스를 경험한다면, 혹은 불편한 서비스를 제공받았다면, 불만을 제기하는 것이 아니라 이유를 물어보게 된다. 친구 버디 관계에서 불편함이 생기면 무작정 화를 내기보다는 먼저 이유를 물어보는 것처럼 말이다.

커피를 파는 회사인가, 경험을 파는 회사인가

스타벅스 경험은 커피를 중심으로 한 관계와 공간의 연결이다. 흔히들 스타벅스는 커피가 아니라 매장의 경험을 파는 회사라고 말한다. 틀린 말은 아니지만, 스타벅스에서 '커피'가 차지하는 위상을 지나치게 간과한 표현이다. 스타벅스 경험에서 관계를 이어주는 매개는 커피이며, 스타벅스 매장은 커피 경험을 극대화시키도록 디자인되어 있다. 커피는 스타벅스 경험의 시작이다.

"지금껏 스타벅스는 커피 그 이상의 가치를 추구해왔다. 하지만 훌륭한 커피가 없다면 우리의 존재 이유 역시 없다."[48]

공정 무역을 통해 구매하고 판매하는 원두, 이 원두를 재배하는 농부들, 바리스타들의 열정과 노력, 인간의 정신을 고양시키겠다는 스타벅스의 사명도 결국은 커피 한 잔에 담겨서 고객들에게 전달된다. 아무리 이상적인 가치를 추구하고, 매장 인테리어가 훌륭하고, 바리스타와 고객과의 관계가 좋을지라도, 커피가 맛이 없거나 커피 질이 좋지 못하다면 그 진정성을 의심받을 수밖에 없다. 공정 무역으로 생산된 질 좋은 원두라고 이야기하지만, 배전roasting이 잘못되어 커피가 맛이 없으면 정말 질 좋은 원두를 사용했는지 의심하게 되고, 바리스타와 고객의 관계가 아무리 좋아도 커피 맛이 없으면 얄팍한 상술로 보일 수 있다.

하워드 슐츠는 스타벅스 CEO로 복귀한 2008년에 '에스프레소 엑

48 같은 책, p.16

설런스 트레이닝' 계획을 실행하고 '파이크 플레이스 로스트'를 출시했다. 2008년 2월 26일, 미국 전역의 스타벅스 매장은 3시간 반 동안 문을 닫고 올바른 에스프레소 추출법 교육과 고객 서비스 재정비 시간을 가졌는데, 이를 '에스프레소 엑설런스 트레이닝'이라고 한다. 한국에서도 3월 23일, 30개 도시의 230여 개 매장에서 3시간 동안 진행됐다.

이로 인해 미국에서만 600만 달러의 손실이 발생했지만, 파트너들에게 스타벅스 커피에 대한 신뢰와 자신감을 갖게 하는 계기가 되었다. 외부적으로는 스타벅스가 본질적으로 '커피 브랜드', 그것도 질 좋은 커피를 제공하는 브랜드라는 것을 각인시켰다. 커피 품질에 대한 집착은 서비스 품질 향상에도 영향을 미친다. 내가 건네는 커피 한 잔은 최고라는 자신감이 고객을 대할 때 드러난다.

스타벅스 커피의 또 다른 특징은 맞춤형이라는 것이다. 스타벅스에서도 커피에 대한 기본적인 정보는 바리스타를 통해 고객에게 전달된다. 하지만 취향이 분명하게 들어간 음료 정보는 고객에게서 바리스타에게 전달된다. 맞춤형 음료에 대한 정보는 옳고 그름이 아닌 다름의 영역이다. 지식이 많든 적든 상관없다. 그저 내 취향이 반영된 개인적인 정보일 뿐이다. 메뉴판에 있는 라떼를 마시는 고객과 '쓰리리전블렌드'를 선택하고 샷은 두 개를 추가했으며 얼음은 절반으로 줄인 후 바닐라 시럽과 드리즐을 추가한 라떼를 매일같이 마시는 고객은 다를 수밖에 없다. 맞춤형 음료 제공을 통해 고객과 바리스타는 서로를 개별적인 존재로 인식하게 된다.

chapter
31

스타벅스 코리아 ② :
고객과 특별한 관계를 맺는 경험을 권한다

스타벅스 경험과 고객 경험, 이 두 가지는 비슷해 보인다. 그런데 둘 사이에는 '경험의 방향'이라는 큰 차이가 있다.

고객 경험은 일방향이다. 서비스 제공자가 고객들에게 제공하는 일방적인 서비스 경험이다. 고객 경험에서 중요한 건 오로지 고객이다. 고객의 시선, 고객의 감정, 고객의 불편함이다. 하지만 스타벅스 경험은 파트너가 고객에게 제공하는 서비스 경험뿐만 아니라, 고객이 파트너에게 제공하는 경험도 중요하게 여긴다.

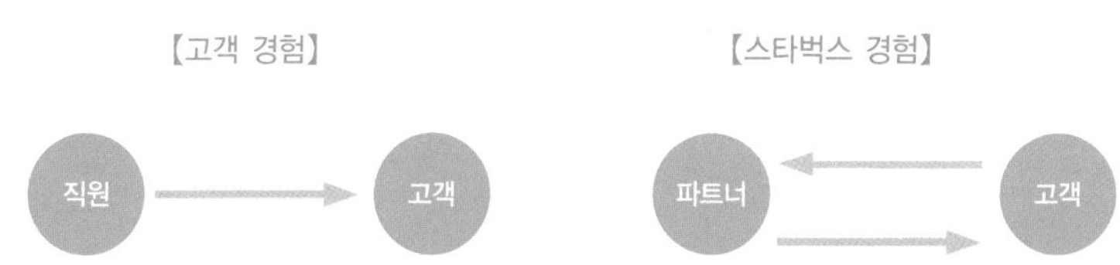

그림 8 **고객 경험과 스타벅스 경험의 차이**

기존의 고객 경험이 고객 중심의 수직적인 관계였다면, 스타벅스 경험에서 고객과 직원의 관계는 수평적이다. 수평적 관계인 만큼 자발성이 강조된다.

스타벅스 아카데미에서는 신입 파트너들에게 고객을 위해 스타벅스 경험을 제공하라고 강요하지 않는다. 고객이 아닌 나를 위해, 파트너가 먼저 스타벅스 경험을 체험해보도록 권유한다. 바리스타와 고객의 관계를 넘어 사람과 사람 사이의 관계를 맺어보고 사람의 삶을 풍요롭게 하는 경험을 한번 해보면, 그것이 스타벅스에서 일하는 에너지원이 되기 때문이다. 스타벅스 아카데미 김명일 파트너는 14년 전에 만난 고객에게서 큰 영감을 받았다.

> "14년 전, 하필이면 비가 오는 날이었어요. 몸이 불편해 보이는 두 분이 들어오셨어요. 한 분은 휠체어에 앉았고 한 분은 뒤에서 휠체어를 밀고 계셨죠. 휠체어에 타신 분은 말을 못하셨고, 휠체어를 미는 분도 몸이 심하게 뒤틀려 있었어요. 한 분이 케이크를 든 걸 보아 생일인 것 같았어요. 말을 알아듣기 힘들어서 메뉴판을 드리고 손으로 메뉴를 가리키도록 했죠. 자몽 주스 두 잔을 주문하셨는데, 30분이 지나도 주스가 거의 줄지 않았어요. 아마 씁쓸한 맛 때문에 그런 것 같았어요.
>
> 저는 두 분이 특별한 날에 맛있는 걸 먹기 위해서 오셨으니, 특별한 것을 드려야겠다는 생각이 들었어요. 종이에 '저희 매장에서 가장 맛있는 카라멜마끼아또를 두 분께 선물로 드립니다'라고 쓴 후 두 잔을 드렸어요. 두 분은 한 시간 후에 나갔는데, 그

종이 뒤에 편지를 쓰셨어요. 절반은 알아보기 힘들었지만, 아주 맛있었고, 자기가 마셔본 음료 중 최고였다는 내용이었어요. 자몽 주스는 그대로였지만, 마끼아또는 한 방울도 남기지 않고 다 드셨더라고요. 그 두 분이 버디가 되지는 않았어요. 주문을 할 때도 1,000원짜리와 동전을 섞어서 내셨는데, 그분들에게는 스타벅스에서 보낸 시간이 호텔과 같은 경험이었을 거예요. 너무나 소중한 시간, 소중한 스타벅스 경험이었겠죠. 그분들이 저에게는 일을 할 수 있는 영감을 주었고 에너지의 원천이 되었어요."

– 스타벅스 아카데미 김명일 파트너

그는 신입 바리스타에게 일주일에 한 번, 아니 한 달에 한 번이라도 꼭 고객과의 '관계'를 통한 스타벅스 경험을 체험해보라고 이야기한다. 한번 특별한 고객을 만들게 되면, 두 명 세 명을 만드는 건 어렵지 않다. 고객이 스트레스가 아니라, 고객에게 에너지를 받을 수 있게 된다.

일방적이지 않고 수평적인 고객과의 경험

커피 세미나는 스타벅스 경험의 결정체이다. 좋은 커피와 바리스타와의 커뮤니케이션, 매장에서 겪을 수 있는 특별한 경험 등, 스타벅스 경험을 구성하는 모든 요소들이 응축되어 있다. 커

사진 8 **스타벅스 커피 세미나의 모습**

피 세미나는 대부분 매장별로 진행되지만, 특별한 주제를 가지고 본사에서 직접 주관하기도 한다. 2016년 3월 16일에 진행된 커피 세미나가 대표적인 경우이다. '어스아워Earth Hour'는 세계자연보호기금WWF에서 주관하며, 매년 3월 마지막 주 토요일 오후 8시 30분부터 9시 30분까지 전등을 끄는 행사다. 에너지 절약과 탄소 배출 감소를 목적으로 2007년 호주에서 시작되었다. 스타벅스는 '어스아워'에 맞추어 매장 내 일부 등을 끄고 커피 세미나를 진행한다.

스타벅스 매장에서 불을 끄고 세미나를 진행하면, 분위기가 좋을 수밖에 없다. 촛불을 켠 매장 자체가 특별한 스타벅스 경험을 형성했다. 세미나에는 스타벅스의 커뮤니티 스토어를 통해 후원하는 대학생들과 매장의 고객들이 주로 참석했다. 이날 진행은 커피 홍보대사인 안상호 파트너가 맡았다. 주제가 커피 향이었기 때문에 시음하기 전 향에 대한 표현을 나눴다. 무엇을 마셔도 '커피맛'으로만 표현하는 사람에게 커피는 오직 '커피맛'일 뿐이다. 커피의 맛과 향을 세밀하게 표현할 수 있다면 그만큼 세밀하게 맛과 향을 즐길 수 있다. '어스아워'를 제외한 커피 세미나에서는 커피를 직접 추출해보기도 하고, 라떼를 만들어보기도 한다.

파트너 입장에서는 커피 세미나에 어떤 의미가 있을까? 안상호 파트너는 고객과의 소통이라고 이야기한다.

"평소에는 바빠서 간단히 주문만 받고 커피만 드리던 고객도, 커피 세미나에 참석하면 긴 이야기를 하게 돼요. 이때 단순히 커피에 대한 지식만 전달하는 게 아니라 고객에 대해서도 알아가고, 고객이 스타벅스에 대해 원하는 것, 우리 매장에 원하는 바를 알게 되죠."

커피를 매개로 파트너는 고객의 관점과 욕구를 알아가고, 버디를 만들 수 있는 계기로 삼기도 한다. 파트너들이 커피 세미나를 진행할수록 늘어가는 것은 커피에 대한 지식이 아니라 버디와 소통하는 기술이다. 스타벅스 커피 세미나는 파트너와 고객 모두가 스타벅스 경험을 맛볼 수 있도록 마중물 역할을 하고 있다.

chapter
32

스타벅스 코리아 ③:
기업의 가치는 고객이 완성한다

아무리 스타벅스 경험이 파트너와 고객의 삶에 영감을 준다고 해도, 내 일이 바쁘고 수많은 고객들을 상대하다 보면 새로운 시도를 할 엄두가 나지 않는다. 끝없이 밀려드는 고객의 주문을 해결하기도 바쁜 상황에서 관계를 생각하고, 스타벅스의 가치 전달까지 상기하기란 쉽지 않다. 스타벅스 경험을 파트너의 의지에만 맡긴다면 실현하기 어렵다. 파트너들에게 스타벅스 경험을 강요하지는 않지만, 스타벅스에는 이를 유도할 수 있는 문화적, 제도적, 교육적인 장치가 있다.

스타벅스 경험을 만드는 다섯 가지 조건

고객이 이야기하도록 만든다

바리스타의 관심은 짧은 시간 동안에 관계를 만들 수 있다. 관계를 만드는 것은 말이 아니라 마음이다. 관계 지향적인 마인드의 밑바탕에는 스타벅스의 '서비스 베이직Service Basic'이 존재한다.

① 미리 헤아립니다 (Anticipate)
② 소통합니다 (Connect)
③ 취향에 맞춥니다 (Personalize)
④ 주인 의식으로 일합니다(Own)

첫 단계인 '미리 헤아립니다'는 비언어적인 측면을 뜻한다. 내 말을 듣고 대답을 하면 단순한 만족이지만, 내 표정을 읽고 반응을 하면 감동이 솟고 관계가 형성될 수 있다. 스타벅스 아카데미의 김명일 파트너는 '서비스 베이직'이 매우 간단하고 당연해 보이지만, 관계 형성에 효과적이라고 이야기한다.

"관계를 통해서 스타벅스 경험을 만드는 건 시간이 오래 걸리지 않습니다. 손님이 매일 바쁜 출근 시간에 오다가 한가한 오전 시간에 오신 것만 알아차려도 가능합니다. 다른 시간대에 오신 고객에게 '오늘은 좀 안 바쁘신가 봐요?'라고 한마디만 하면 됩니다. 고객이 이야기할 수 있도록 만드는 게 핵심입니다."

"오늘은 바쁘지 않아서 매장이 한가한 시간에 왔어요"라고 고객이 하는 '말'에 반응하는 것이 아니다. 다른 시간대에 매장에 온 사실(비언어)을 알아차리고 반응을 하는 게 핵심이다. 사람이 아닌 고객으로 생각한다면, 이 고객이 오전에 오든 오후에 오든 저녁에 오든 전혀 차이가 없다. 어차피 매출에 미치는 영향은 같기 때문이다. 하지만 스타벅스 사명에 나와 있듯이 '커스토머'가 아닌 '퍼슨'이라면, 매일 같은 시간에 오던 사람이 다른 시간에 오는 것은 특별한 일이다. 매출의 차이에 관심을 갖는 것이 아니라 삶의 차이에 관심을 갖는 것이 '서비스 베이직'의 출발이다.

스스로 할 수 있도록 돕는다

스타벅스 교육의 특징은 '가치'와 '사례' 공유이다. 신입 바리스타 교육에서 스타벅스의 가치와 스타벅스 경험에 대한 내용이 차지하는 비율은 전체의 60퍼센트나 된다. 교육의 핵심은 '어떻게 스타벅스 경험을 전달할 것인가'이다. 스타벅스 아카데미에서는 공식화하거나 정형화된 매뉴얼을 사용하지 않는다. 주로 사례를 이야기하고, 동영상을 보여주면서 이야기한다. 구전과 동영상을 활용한 스토리텔링이다. 이런 교육 방식에는 크게 두 가지 장점이 있다.

첫째는 맥락이 살아 있는 서비스를 익힐 수 있다. 서비스는 맥락이 중요하다. 내 앞의 고객이 모두 다르고, 같은 고객도 올 때마다 다른 사람이다. 매장을 방문하기 전에 어떤 일이 있었는지에 따라, 같은 사람도 전혀 다른 감정으로 들어오게 된다. 그런데 접점 매뉴얼에는 이러한 맥락이 모두 생략되어 있다. 철저히 정형화된 교육을 받은 직원들은 예상치 못한 상황이 벌어졌을 때 허둥거리게 된다. 이야기와 동영상을 통한 사례 교육은, 매뉴얼에는 생략된 맥락을 함께 익혀 상황 대응력을 높여주는 효과가 있다.

두 번째로, 비언어 커뮤니케이션을 효과적으로 익힐 수 있다. 앨버트 메라비언에 따르면 메시지 전달 시 비언어적인 요소가 무려 93퍼센트를 차지한다.[49] 고객들은 '안녕하세요, 스타벅스입니다', '어서오세요, 스타벅스입니다', '환영합니다, 스타벅스입니다'를 기억하지 못한다. 기억하는 것은 파트너들의 표정과 눈빛과 목소리 높낮이다.

스타벅스는 접점별로 롤모델이 될만한 파트너들의 사례를 다양하게 보여준다. 교육을 받는 파트너들은 주입받는 것이 아니라 선택하고 비교하고, 사례를 융합할 수 있다. 스타벅스의 서비스가 어떻게 이루어지는지를 보면서 스스로 깨닫고 자신만의 서비스를 개발할 수 있다. 공유하는 서비스 동영상에는 해외 파트너의 영상도 포함되어 있다. 동영상 속의 해외 파트너들이 고객을 대하는 모습은 우리와 약간 다르다.

> "스타벅스의 해외 매장에서, 고객은 왕이 아니라 친근한 관계에요. 저희도 고객을 왕으로 대하기보다는, 정서적인 유대감을 느낄 수 있는 친구버디로 대하고 싶어요. 지금은 우리 서비스 문화에서 익숙하지 않은 개념이겠지만, 조금씩 그런 방향으로 가는

49 메라비언의 법칙이라 하며, 대화에서 말하는 내용보다는 시각과 청각 이미지가 중요시된다는 커뮤니케이션 이론이다. 시각 이미지는 자세와 용모, 복장, 제스처 등 외적으로 보이는 부분을 말하며, 청각은 목소리의 높낮이나 음색 같은 언어의 품질을 말한다.

> 게 맞지 않을까요?"
>
> – 스타벅스 아카데미 김명일 파트너

스타벅스에서는 고객을 버디로 대하기 위해 어떤 인사말을 하고 어떤 표정을 지어야 할지 교육하거나 훈련시키지 않는다. 보고 느끼면서 자신만의 서비스를 제공할 수 있도록 도울 뿐이다. 스스로 할 수 있도록 돕는 것, 이것이 스타벅스의 서비스 교육 목적이다.

직원에게 문제를 해결할 수 있는 권한을 준다

'저스트 세이 예스Just say yes'는 고객의 요구를 악의 없이 긍정적으로 해석한다는 뜻이다. 고객의 요구를 무조건 다 수용하는 것이 아니다. 예를 들어, 고객이 음료를 절반 이상 마신 후에 평소와 맛이 다르다며 교환을 요구했다고 하자. 맛이 정말 이상하다면 한 모금 마시자마자 교환을 요구할 텐데, 절반 이상을 마신 상황에서는 고객의 의도를 선하게 받아들이기 힘들다. 어쩌면 블랙 컨슈머일 수도 있다. 하지만 이 상황에서도 고객의 의도를 악하게 생각하지 않는다. 항상 긍정적으로, 고객의 의도를 선하게 파악하고 파트너들이 먼저 다가간다. 이것이 '저스트 세이 예스'의 핵심이다.

'저스트 세이 예스'는 '사이렌 임파워먼트Siren's empowerment'를 통해 완성된다. '사이렌 임파워먼트'는 고객에게 음료 한 잔을 무료로 제공할 수 있는 권한이다. 아무리 좋은 가치와 경험을 제공하려고 해도 권한이 없으면 일을 하기 힘들다. 미국의 고객 경험 전문가인 리오르 아루시는 탁월한 서비스를 촉진하고 싶다면 탁월한 성과를 내고자 하는 직원에게 권한을 부여하라고 말한다. 직원들은 상명하달식의 업무를 잡무로 여기는 경우가 많다. 자신이 선택한 일이 아니기 때문에 하기 싫고 업무의 핵심이 무엇인지 파악하기 힘들다.[50]

고객이 커피 맛이 평소와 다르다며 불만을 이야기할 때, 직급이 낮은 직원들은 해결책을 제시하지 못하고 우왕좌왕할 수 있다. 그저 사과를 하거나, 고객은 이미 다르다고 생각하는데도 똑같은 맛이라고 주장하는 것이다. 혹은 커피를 다시 제공하고 싶어도 권한이 없어서 상급자에게 물어봐야 한다. 일에도 소극적이 될 수밖에 없다. 반면에 권한이 있는 직원은 적극적으로 고민하고 판단하게 된다. 접점에서 객체가 아닌 주체가 되는 것이다.

이렇게 권한을 부여할 수 있는 이유는 파트너들이 가치를 공유하고 있다는 믿음 때문이다. 모든 직원들이 강력한 가치를 포용하면 기업은 어디서 어떤 일을 하는 직원에게 권한을 부여하든 괜찮다는 확신을 얻게 된다. 본사에서 멀리 떨어진 곳에 근무하는 직원이라도 언제나 자사에 유익한 방향으로 행동하고 헌신할 것을 믿는다.[51]

물론 파트너들이 '사이렌 임파워먼트'를 남용하지 않더라도 고객들이 이를 악용할 수는 있다. 그런 경험을 한 파트너는 고객의 의도를 악하게 생각할 수 있는데, 이때 생각의 균형을 잡는 것이 '저스트 세이 예스'다. 악용하려 한다는 생각을 하지 않고 고객에게 가까이 다가가길 권한다.

'저스트 세이 예스'와 '사이렌 임파워먼트'는 불만 고객을 충성 고

---

50 《서비스 엑설런스 에브리데이》, 리오르 아루시 지음, 김앤김북스, p.73

51 《마켓 3.0》, 필립 코틀러 지음, 타임비즈, p.133

객으로 바꿀 수 있는 강력한 도구이지만, 접점에서 많은 고객을 대하는 파트너들에게는 부담이 될 수 있다. 파트너들도 사람인 이상, 고객에게 먼저 다가가기 힘든 날이 있을 것이다. 스타벅스의 교육이 정형화된 서비스를 강요하지 않는 것처럼 '저스트 세이 예스'와 '사이렌 임파워먼트'도 강요하지 않는다. 앞서 이야기했듯이 스타벅스 경험과 고객 경험의 가장 큰 차이는 경험의 방향성이다. 강요된 '저스트 세이 예스'와 '사이렌 임파워먼트'는 파트너가 배제된 단순한 고객 경험일 뿐이다. 진짜 스타벅스 경험을 만들어내려면 파트너의 진정성이 있어야 한다.

수평적인 조직 문화를 구축한다

스타벅스가 고객과 인간적인 유대감을 바탕으로 친근한 관계를 형성할 수 있는 이유 중 하나가 수평적인 조직 문화다. 스타벅스는 직원을 '파트너'로 부른다. 이 명칭은 하워드 슐츠 회장이 스타벅스의 지분을 종업원들에게 배분하면서부터 사용하기 시작했다. '다르게 생각하려면 우선 다르게 말해야 한다[52]'라는 말처럼, 직원과 회사의 관계를 새롭게 정의하는 파트너라는 표현은 스타벅스의 수평적인 문화에 큰 영향을 미친다. 스타벅스 코리아에서는 직원들 사이에서도 영어 닉네임을 사용한다. 닉네임은 서로를 존중하고 배려하는 문화에 영향을 미친다. 10년 이상 나이 차이가 나는 파트너도 서로 닉네임을 부르고, 또한 존중한다.

서비스 교육에도 역시 수평적인 문화가 반영되어 있다. 정형화된

52 《코끼리는 생각하지 마》, 조지 레이코프 지음, 와이즈베리, p.12

패턴을 훈련시키는 것이 아니라 가치를 먼저 공유한 뒤, 사례와 영상 등을 통해서 스스로 체화하고 활용하도록 권장한다. '저스트 세이 예스'와 '사이렌 임파워먼트' 역시 의무가 아닌 권한일 뿐이다. 수직적인 조직 문화에 익숙한 직원들이라면 고객과 수평적이고 친근한 관계를 형성하기 어렵지만, 조직 내에서 수평적인 관계에 익숙한 직원들에게는 그리 어렵지 않은 일이다.

관심에서 시작되는 스타벅스 경험은 관계를 만든다. 관계는 다시 유대감을 낳고, 이 유대감이 스토리를 만들어낸다. 스토리를 경험한 버디들은 커피를 마시러 가는 것이 아니라 스타벅스에 가기 위해 커피를 마시게 된다.

작은 차이에 주목한다

하워드 슐츠는 '소매업은 세심해야 한다Retail is detail'라는 생각 아래, 스타벅스 매장 내의 모든 요소를 세심하게 관리했다. 그는 스타벅스 경험을 해치는 작은 요소들도 그냥 지나치지 않았다. 스타벅스 경험의 한 축인 '커피 경험'을 위해 커피 향을 해치는 음식은 판매하지 못하게 한 것을 예로 들 수 있다. 한때 샌드위치 판매가 중지된 것도 이 때문이었다. 매장에 샌드위치 냄새, 치즈 냄새가 진동하면 고객들이 더 이상 커피 향을 맡을 수 없게 되는데, 그것은 즉 스타벅스 경험이 사라졌다는 뜻이다. 이후 냄새가 줄어든 샌드위치가 개발될 때까지 스타벅스에서는 샌드위치를 볼 수 없었다.

스타벅스 '리저브 매장'에서도 역시 세심함을 느낄 수 있다. 많은 커피 전문점에서 프리미엄 원두를 내세우며 '스페셜티' 커피를 제공한다. 그렇지만 커피를 마시는 환경까지 프리미엄을 느낄 수 있게 기획된 곳은 많지 않다. 대부분의 카페는 그들의 원두가 얼마나 특별한지, 로스팅 방법이 얼마나 다른지 설명하는 데 주력한다. 반면 스타벅스 리저브 매장은 스페셜티 커피에 대한 접근 방식이 다르다. 모두가 '다른 커피'를 강조하는 동안, 스타벅스 리저브에서는 디테일을 통해 '다른 경험'을 강조한다.

보통 카페에서는 커피를 마시는 사람과 커피를 만드는 사람이 공간적으로 분리되어 있다. 하지만 리저브 매장을 찾은 고객은 바에 앉아서 직접 '눈'으로 바리스타가 커피를 추출하는 과정을 보고 '코'로 커피 향을 즐길 수 있다. 고객들은 바에 앉아 커피가 내려지는 동안 자연스럽게 바리스타들과 대화를 나누며 리저브 커피에 대해 많은 이야기를 듣게 된다. 스타벅스 리저브는 고객에게 단순히 특별한 커피라는 점만을 강조하지 않고 커피를 통해 종합적인 경험을 제공하는 것이다.

의식하지 않으면 느낄 수 없는 차이지만, 이 모든 것이 '소매업은 세심해야 한다'라는 생각에서 출발한 것들이다. 고객이 이런 작은 차이들을 모두 인지하지는 못할 것이다. 하지만 결국 승부는 작은 차이에서 결정된다. 스타벅스가 다른 어떤 커피 전문점보다 앞서가는 이유는 바로 여기에 있다.

chapter
33

청년장사꾼 ①:

모두가 잘사는 세상을 만들고 싶다

'청년장사꾼'은 2012년 이태원 카페 '벗'에서 시작되었다. 그 후 2호점 '열정감자'가 입소문을 타고 떠오르면서, 각종 매스컴에 오르내리기 시작했다. 열정감자의 성공 이후 '열정꼬치', '열정골뱅이'를 이어서 냈고, 2014년에는 죽어가는 상권으로 꼽히던 원효로 1가에 '열정도'라는 이름으로 매장 여섯 개를 한꺼번에 열기도 했다. 새로운 상권을 만들고 지역을 활성화시켜보겠다는 뜻을 담았다. 현재는 36명의 멤버들이 13개의 매장을 운영하고 있으며, 3년 만에 20억의 매출을 거뒀다.

청년장사꾼의 '왜'는 '모두 잘 먹고 잘살자'이다. 핵심은 '모두'에 있다. 청년장사꾼을 이끄는 김윤규 대표만 잘 먹고 잘사는 것이 아니고, 청년장사꾼의 멤버들만 잘 먹고 잘사는 것이 아니다. 청년장사꾼과 인연을 맺은 모든 이들이 함께 '잘 먹고 잘사는' 것이 그들의 '왜'

이다. 존 매키가 주장하는 '깨어 있는 자본주의'와 비슷한 철학이다. 홀푸드 마켓의 존 매키와 라젠드라 시소디어는 기업의 목적을 이윤이 아닌 가치 실현으로 파악했다. 또한 이 가치 실현을 통해서 직원, 고객, 주주, 1차 협력 기관, 공동 사회에 이르기까지 모두가 행복해져야 한다고 봤다.

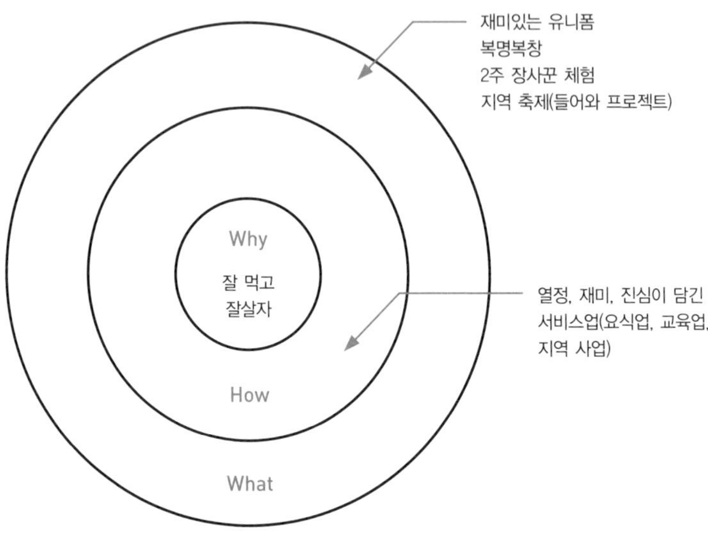

그림 9 **청년장사꾼의 골든 서클**

많은 회사에서는 회사의 비전만을 강조한다. 그리고 그 안에서 성장하는 것만 인정한다. 청년장사꾼은 '모두'가 함께 잘 먹고 잘살자고 하는 만큼 회사 비전만을 고집하지 않는다. 회사 비전과 개인 비전의 교집합을 찾는다. 미래에 동종 업계에서 장사하고자 하는 사람의 비전을 인정하고, 그들이 청년장사꾼에서 함께 성장하기를 바란다. 회사가 개인의 비전을 실현하는 장이 될 경우, 회사의 일은 내 일이 된다.

'모두가 잘 먹고 잘살기' 위한 청년장사꾼의 노력은 매장을 내는 과정 속에서도 드러난다. 청년장사꾼은 이태원과 경복궁, 마포 등의 성공을 바탕으로 매장을 늘릴 계획을 세운다. 매장 입지는 유동 인구가 많은 상권 대신 쇠락해가는 곳으로 정했다. 월세가 저렴한 지역에 집중적으로 점포를 열고, 각종 이벤트와 프로모션으로 매장을 홍보한다. 고정비용을 줄이기 위한 고민도 있었겠지만, 지역에 인구 유입을 증가시키고 죽은 상권을 활성화시키는 것이 목적이었다. 이렇게 시작된 것이 '열정도' 프로젝트다. 사업 성공만을 생각했다면 유동 인구가 많은 지역이나 대학가를 공략했을 것이다. 그렇지만 그들은 '모두가 잘 먹고 잘살기'란 가치를 실현하기 위해 지역 문화가 없는 곳에 들어가 새롭게 시작하는 것이다.

음식이 아닌 서비스를 판다

청년장사꾼의 '모두가 잘 먹고 잘살자'라는 '왜'가 '무엇'을 거쳐 '어떻게'로 구현되는 모습은 매장에서 쉽게 접할 수 있다. 매장을 방문하면 그들의 '왜'가 '열정', '진심', '재미'라는 말과 함께 살아 움직이는 것을 볼 수 있다.

오늘의 청년장사꾼을 있게 한 대표 매장은 2호점 '감자집'[53]이다.

53 안타깝게도 서촌 매장은 2016년 8월 19일 영업을 종료했지만, 청년장사꾼 문화의 원형과 같은 곳이기에 취재했던 내용을 그대로 담는다.

감자집은 경복궁역 부근 금천교시장에 있다. 10분 정도 시장 안으로 걷다 보면 왁자지껄한 분위기에 많은 사람들이 웅성거리며 줄을 서 있는 것이 눈에 띈다.

"맥주가 과하게 차갑습니다."

"밖은 시베리아, 안은 아프리카. 따뜻한 감자집으로 오세요."

"주문 확인하겠습니다. 일반 감자 XL 사이즈에 당신의 열정까지."

이처럼 재기발랄한 멘트를 서슴없이 고객들에게 던진다. 매장에 붙은 천지창조 패러디 그림, 등 뒤에 써붙인 '감자랑 살래 나랑 살래', '잘생겨서 죄송합니다' 등을 보면 매장 분위기가 한눈에 다가온다.

고객들과 익숙하게 하이파이브를 하고 친구처럼 대화를 나누는 모습이 재미있다. 그런데 한 가지 단점도 있다. 그런 모습에 호기심을 느껴서 매장으로 들어가는 사람들도 있겠지만, 어떤 사람들에게는 장애로 작용할 수 있다. 이미 친밀감이 형성된 관계에 외부자로 들어가는 느낌이 들어 주저하게 되는 것이다. 이러한 망설임을 극복하게 해주는 것이 가게 밖까지 나와서 하는 접객이다.

처음 감자집을 방문했을 때, 선뜻 들어가지 못하고 머뭇거리는 내게 청년장사꾼 멤버가 적극적으로 인사를 했다.

"안녕하세요! 처음 오셨나 봐요?"

"아, 네."

"가져가실 건가요? 아니면 드시고 가실 건가요? 만약에 가져가시면 바로 준비해드릴게요."

먹을 생각이 없던 고객들도 자연스럽게 가져갈지 먹고 갈지 고민하게 만든다. 머뭇거리는 순간 직원은 자연스럽게 말을 잇는다.

"드시고 가실 것 같으면, 오늘 손님이 많긴 하지만, 잠시만 기다려 주시면 자리 알아봐드릴게요."

처음 왔음에도 불구하고 단골손님 혹은 친구를 대하는 것처럼 편안하게 이야기한다. 매뉴얼에 따른 기계적인 응대가 아니라서 기분이 좋아진다. 가게 안을 힐끔 바라보니 직원들과 손님 모두가 재미있어 보인다.

"먹고 갈게요."

"감사합니다. 잠시만 기다려주세요."

"어, 안녕하세요. 벌써 들어가세요?"

난데없는 인사에 당황했지만, 대상이 내가 아니라는 걸 곧 알게 됐다. 청년장사꾼의 직원들은 매장을 방문하는 고객에게만 인사하는 것이 아니다. 매장을 방문한 고객은 물론이고, 매장 앞을 지나가는 사람들과 주변 상인들 모두에게 밝게 인사를 한다. 그 모습을 시장 안의 수많은 사람들이 보고 있다. 가게를 방문하지 않더라도 청년장사꾼에 대한 호감도가 올라간다. 직원이 인사를 하는 동안, 안에서 주문을 크게 외친다.

"감자 보통 XL, 랜치소스 하나와 칠리소스!"

주문 소리가 들리자 매장 안팎에 있던 모든 직원들이 동시에 외친다.

"감자 보통 XL, 랜치소스 하나와 칠리소스!"

군대를 연상시키는 복명복창은 '청년장사꾼' 설립 이후부터 지금까지 가장 강조되는 서비스다. 청년장사꾼 13개 매장의 CS 교육을 담당하고 있는 김수진 씨는 복명복창의 의미를 다음과 같이 이야기한다.

"저희는 일단 매장 분위기가 중요해요. 재미있고 에너지가 넘쳐야 돼요. 복명복창은 외치는 사람이 먼저 흥이 나게 하거든요. 우리가 신이 나고 열정이 넘치면, 그 기운이 자연스럽게 손님들에게 전달되더라고요. 나중에 공부를 하다 보니, 복명복창이 업셀링이라는 기술이더라고요. 손님들에게 모르는 메뉴를 자연스럽게 알리고 호기심을 일으키는 거죠. 하지만 전혀 몰랐어요. 그저 우리 분위기를 띄우고, 이걸 손님들에게 전달하기 위해 시작한 거였죠."

유쾌한 첫 이미지와 활기찬 분위기에 매료되어 줄을 서면, '청년장사꾼이 파는 것은 음식이 아니라 서비스'라는 김윤규 대표의 말을 실감할 수 있다. 청년장사꾼 감자집의 직원들은 쉬지 않고 매장을 찾는 고객들과 이야기한다. 고객의 안부를 묻고 매장과 자신에 관련된 이야기들을 서슴없이 공유한다. 그들의 모습을 자세히 관찰해보면 손님에게 음식을 팔기보다 관계를 만들고 있는 것처럼 보인다. 그렇기에 한번 매장을 찾아 이런 서비스 경험을 한 사람은 청년장사꾼의 단골이 될 수밖에 없는 것일지도 모른다.

chapter 34

청년장사꾼 ②:

서비스는 결국 관계를 형성하는 일이다

많은 서비스 현장에서 대기시간 때문에 고민을 한다. 대기시간 관리를 위해 예약 시스템을 도입하기도 하고, 지루함을 덜기 위해 간단한 간식거리를 제공하는 프랜차이즈 레스토랑도 있다. 이런 접근 방법에는 '대기시간은 서비스 제외'라는 인식이 깔려 있다. 반면 청년장사꾼은 '대기시간 역시 서비스 대상'으로 본다. 더운 여름에는 대기 고객들에게 얼음물을 나눠 주고, 추운 겨울에는 캔커피를, 봄에는 황사 마스크를 돌리기도 한다. 대기시간 서비스의 백미는 2013년 어버이날 이벤트였는데, 감사의 달을 맞이하여 3,500원짜리 미디움 사이즈 감자를 모두 1,000원에 판매했다.

이날 행사는 총 다섯 명이 진행했다. 한 명은 튀김 담당, 한 명은 포장 담당, 한 명은 계산 담당, 그리고 두 명의 멤버는 줄 세우기 및 대기 고객 관리를 담당했다. 이벤트 진행 전 현수막을 붙이고 SNS를 통해 적극적으로 홍보한 덕에 1,000개가 넘는 감자를 판매했을 정도로 많은 사람이 몰렸다. 자연스럽게 줄 세우기 및 대기 고객을 담당한 두 명의 역할이 커졌다. 이들은 기다리는 동안 손님들이 지루하지 않도록 대화를 나누고, '청년장사꾼'에 대한 설문 조사도 벌였다. 처음 방문한 사람, 재방문한 사람, 단골 등을 가리지 않고 매장에 대한 생각과 하고 싶었던 말, 그리고 가장 인기 있는 멤버에 대한 투표 등 다양한 내용이 담긴 설문지로 고객들과 관계를 맺었다.

대기시간이 지루하게 느껴지는 것은 서비스가 시작되기 전까지 기다려야 하기 때문이지만, 결국 고객에게는 의미 없이 흘려보내는 시간이기 때문이다. 그런데 청년장사꾼은 대기시간을 '관계'를 만드는 시간으로 활용했다. 미용실에서도 그런 모습을 자주 볼 수 있다. 대기시간이 길 경우에 미용사나 다른 직원들이 대기 중인 손님과 중간중간 이야기를 주고받는다. 하염없이 기다리는 것과 대화를 나누며 기다리는 것은 차이가 크다. 같은 시간이지만, 전혀 다른 경험을 한다.

핵심 경쟁력은 '진심'이다

《고객서비스 솔루션》의 저자 스리람 다수는 서비스 인식에 영향을 미치는 요소를 크게 세 가지로 구분한다. 첫째는 사건이 진행되는 순서, 둘째는 사건의 지속 시간, 셋째는 고객의 통제력 및 선택이다.

스리람 다수는 이 세 가지 요인을 서비스 시스템 설계 시 직접 반영할 수 있으며, 이것이 신뢰와 감정, 경험에 대한 평가에 영향을 미칠 수 있다고 말한다. 그렇지만 이는 서비스를 '프로세스'의 관점에서만 파악한 것이다. 직원과 고객이 대면하는 상황에서는 '감정'이나 '평가'가 사건의 순서, 지속 시간의 영향을 받지 않을 수 있다. 직원과의 친밀도를 바탕으로 평가할 수 있고, 개인적인 편견이 작용할 수도 있다. 청년장사꾼이 대기시간을 활용해 고객들과 관계를 형성함으로써 대기시간과 통제력에 대한 인식을 변화시킨 것이 좋은 예이다.

청년장사꾼은 서비스의 목적이 관계 형성이라고 생각한다. 그렇기에 대기시간마저도 적극적인 관계 형성 시간으로 활용한다. 관계가 형성된 고객들은 청년장사꾼의 스토리를 전파시키는 이야기꾼이 된다. 청년장사꾼이 스스로 자신들의 이야기를 하는 것이 아니라, 고객이 청년장사꾼의 이야기를 한다. 고객은 왕이라는 관점에서는 불가능한 일이다. 많은 사람들이 어제 '누구'와 술을 마셨는지 주변 사람들에게 이야기한다. 이때 종업원 이야기를 장황하게 하지는 않는다. 하지만 그 직원들과 인간적인 관계를 맺고 있다면 이야기하고 싶어진다. 내가 술을 마시면서 이야기를 나눈 '사람'의 범주에는 내 친구뿐만 아니라 '청년장사꾼'도 포함될 수 있는 것이다.

이런 관계 형성을 위해서는 사람에 대한 관심이 기본이 돼야 한다. 여기에 진심을 담아 사람과 사람 사이의 관계를 만든다. 진부하지만 정답에 가까운 표현이다. CS 교육 담당 김수진 씨는 대기업 계열의 패밀리레스토랑에서 근무하다가 서비스 접점 직원들을 '인간 ATM기'로 만들어버리는 문화에 거부감을 느껴서 청년장사꾼에 합류했다. 김수진 씨는 '진심을 담은 서비스'가 청년장사꾼의 서비스 경쟁력이라고 이야기한다.

"일반적으로 말을 잘하는 사람이 접객을 잘한다고 생각하는데, 나중에 보면 말을 잘하는 친구보다 사람에 대해 궁금해하는 해맑은 친구들이 접객을 잘하더라고요. 얼핏 보면 그런 친구들은 접객을 세련되게 하진 못해요. 왠지 서비스에 맥락이 없고 뜬금없는 말을 할 때가 많아요. 가령 친구랑 대화를 하고 있는 손님께 난데없이 '오늘 왜 저 친구 분이랑 오셨어요? 오늘 뭐하셨어요?'처럼 정말 생뚱맞은 질문들을 쏟아낼 때가 있어요. 그럼 처음 경험하는 손님들은 굉장히 당황해요. '이 친구가 왜 이런 걸 물어보지? 의도가 뭐지?' 하고요. 그런데 이런 친구들은 정말 그분에 대해 궁금해서 그런 거예요. 많은 고객 분들이 당황스러워하지만 한 마디 두 마디 말을 하다 보면 곧 알게 돼요. '이 친구는 정말 내가 궁금하구나' 하고요. 진심이 전해지면 단골이 되는 건 금방이더라고요."

패밀리레스토랑에서는 고객이 무엇을 주문하는지 궁금해하지만, 청년장사꾼에서는 그가 어떤 사람인지를 가장 궁금해한다. 사람에 대해 궁금해하는 청년장사꾼의 특징은 매장 내에 벨이 없는 데서도 드러난다. 일반적인 음식점에서는 직원들이 벨소리를 듣고 해당 테이블에 가서 주문을 받는다. 대화는 오로지 음식을 제공받기 위한 수단일 뿐이다.

반면 청년장사꾼은 손님들의 요구를 파악하기 위해서 항상 관심을 기울여야 한다. 주문을 하려는 사람, 휴지를 원하는 사람, 불만이 있는 사람, 혹은 심심해서 직원과 이야기를 하고 싶은 사람. 다양한 요구가 공존하는 곳이기 때문에 직원들은 항상 매장 안의 손님을 주시하고 있다. 벨이 없기 때문에 한 번이라도 더 눈을 마주치게 되고, 고객들에게 좀 더 많은 관심을 갖게 된다. 직원들과 즐겁게 이야기 나누는 고객들을 보면, 대화는 주문을 위한 도구가 아니라 관계 형성을 위한 도구임을 알 수 있다.

항상 이야깃거리를 제공한다

사람이 많다 보면 항상 대화를 나눌 수는 없다. 또한 고객들과 빠짐 없이 대화로 관계를 형성하기도 쉽지 않다. 청년장사꾼 매장에서는 직접 대화를 하지 않은 고객들에게도 대화를 한 것과 같은 친밀감을 주기 위해 다양한 노력을 한다. 특히 멤버들과 청년장사꾼의 이야기를 알리는 방법을 통해 고객과의 정서적 거리를 좁힌다. 각종 포스터와 홍보물을 활용하여 말을 하지 않고도 말을 건네는 노력을 하고 있다.

가령 신입 직원 혹은 인턴이 있다면, 그 사실을 적극적으로 알린다. 서비스 현장에서 '신입 직원'은 선호 대상이 아니다. 흔히들 '어리바리' 하다고 표현하는, 신입 티가 나는 서비스를 좋아하는 고객은 없을 것이다. 그렇지만 '오늘이 첫날이에요' 같은 명찰, 인턴 사원임을 알려

사진 9 **청년장사꾼 매장의 벽면**

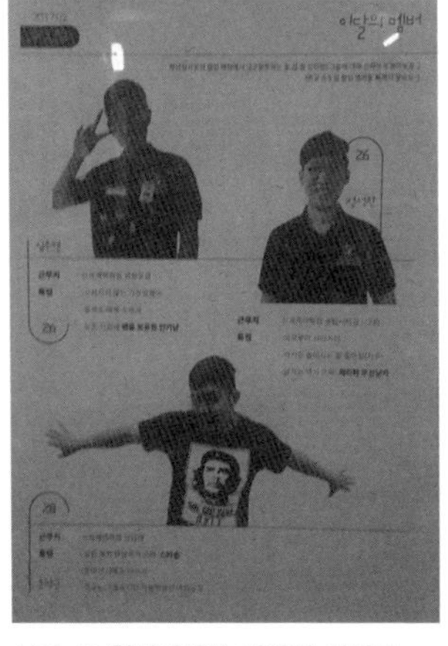

사진 10 **청년장사꾼 매장의 게시물**

주는 포스터 등은 신입 직원들의 어리바리함을 재미로 받아들일 수 있게 한다. 또한 노골적으로 인턴이라고, 익숙하지 않다고 밝히는 직원에게는 숙련된 서비스를 기대하지 않는다. 오히려 처음 일하는 것 자체가 고객과 직원의 대화 포인트가 될 수 있다. 왜 청년장사꾼에서 일하는지, 일하는 건 어떤지 등등, 자연스럽게 대화를 이어갈 수 있다.

새로운 멤버뿐만 아니라 기존 멤버들 역시 자신의 이야기를 다양한 형태로 전달한다. 감자집을 오픈할 당시 멤버들이 입었던 티셔츠의 유쾌한 문구들이 대표적이다. '잘생겨서 죄송합니다', '감자랑 살래 나랑 살래', '크게 될 놈 뭘해도 될 놈'과 같은 문구들은 직접 다가가서 말하지 않더라도 손님들에게 말을 거는 효과가 있었다.

매장 내에는 직원들과 가게의 히스토리를 알 수 있는 자료가 붙어 있다. 덕분에 청년장사꾼에 대해 사전 지식이 없던 고객들도 그들이 어떤 단체이며 어떤 길을 걸어왔는지 알 수 있게 된다. 열정도 감자집에는 공사하는 장면부터 직원들이 가게를 꾸미는 모습까지 모든 기록이 남아 있다. 이를 통해 가게의 역사를 소개하고, 손님을 역사의 일부로 끌어들인다. 역사를 알려주며 흔한 감자집, 흔한 선술집이 아니라 이야기가 있는 가게로 기억될 수 있다. 블로그와 SNS를 적극적으로 활용하는 것 역시 청년장사꾼의 이야기를 알림으로써 고객들과의 정서적 거리를 좁히려는 의도이다.

chapter 35

최고의 서비스 기업들의 9가지 공통점

서비스를 통해 가치를 전달하는 스토리텔링 서비스 기업들은 공통적으로 어떤 특징들을 가지고 있을까?

가치를 연결한다

스토리텔링 서비스는 회사의 가치와 고객의 가치를 연결시킨다. 고객은 자신이 추구하는 가치 중에서 기업의 가치와 연결되는 부분이 있을 때 동질감을 느낀다. 곧 '우리'라는 연대의식이 생기고, 대중에게 기업의 가치를 파급시키는 '인플루언서' 역할을 한다. 접객이 필요한 서비스업에서는 '직원'이라는 매개를 통해서 가치가 전달된다.

스타벅스 코리아, 러쉬 코리아, 삼성의료원, 청년장사꾼 직원들은 회사가 지향하는 가치에 공감하고, 그것을 고객에게 전달하기 위해 적극적으로 노력한다. 물론 룰루레몬 코리아처럼 '나'에서 출발할 수도 있다. 나의 가치, 나의 변화를 지역사회, 그리고 세상에 전달하는 것이다. 그렇지만 스토리텔링 서비스가 직원의 가치를 매개로 회사와 고객의 가치가 연결된 상태라는 것은 변함없다.

언어를 새롭게 정의한다

스타벅스의 직원은 파트너, 고객은 버디이다. 룰루레몬 코리아는 에듀케이터와 게스트라고 부른다. 러쉬의 직원은 해피피플이라고 한다. 청년장사꾼은 자신들을 회사라 하지 않고 '단체'라고 부른다. 미국의 침구 통신판매회사 다이얼에이매트리스는 판매원들을 '침구 컨설턴트'로 부른다. 미국에서 손꼽히는 소매 유통업체 컨테이너스토어는 파트타임 종업원을 '프라임 타이머prime timer'라고 부른다. 중요한 시간대에 일손을 빌려 쓰는 사람이라는 존중의 의미가 있다.

언어가 달라야 생각이 달라지고, 생각이 달라지면 행동도 쉽게 바뀔 수 있다. 대학원에서 마케팅을 가르치는 레오나드 L. 베리 교수는 저서《서비스 경영 불변의 원칙》에서, 기업 내의 특정 언어 사용은 기업이 가진 독특성을 떠올리게 하며 지속적인 사용은 기업의 철학을 전달한다고 주장한다. 가치를 담은 언어의 지속적인 사용은 가치를 공유하게 만든다.

직원이 먼저, 고객은 그다음이다

인터뷰를 하면서 직원들에게 던진 질문이 있다.

"직원이 먼저인가요? 고객이 먼저인가요?"

단호함에 차이는 있었지만, 대부분은 직원이 우선이라고 대답했다. 서비스가 가치 전달의 도구인 기업에서는 항상 진정성이 강조된다. 기업이 이야기하는 가치가 단순히 마케팅 수단이 아니라 기업의 핵심적인 '왜'라면, 직원들은 '왜'를 접하는 1차 고객이며 확산자가 되기 때문이다. 직원이 행복하지 않고 '왜'에 대한 확신이 없다면, 고객에게 가치를 진정성 있게 전달하기란 불가능하다. 직원이 고객보다 중요하다는 말은 고객을 무시하는 것이 아니다. 회사가 실현하려고 하는 가치는 직원을 통해 고객에게 전달된다는 점에서, 직원이 먼저라는 표현은 순위 문제가 아닌 순서 문제이다.

'직원이 우선인가 고객이 우선인가'라는 질문에 '엄마가 좋아, 아빠가 좋아?'라는 질문과 비슷하다는 의견도 몇몇 있었다. 흥미롭게도 이 대답은 모두 스타벅스 코리아에서 나왔다. 누가 더 중요하다고 말하기는 힘들다는 것인데, 이유는 스타벅스 경험이 양방향이기 때문이다. 고객은 파트너에게 파트너는 고객에게, 서로서로 영향을 주고받는다.

고객이 아닌 사람이다

스토리텔링 서비스 기업들은 고객이 아닌 사람을 생각한다. 고객은 '판매'의 대상이지만 사람은 '관계'의 대상이다. 이들이 고객이란 말 대신 다른 표현을 쓰는 것도 같은 맥락이다. 가치 전달을 위해서는 사람을 향해야 한다. 고객 만족을 지향하는 기업에서 구매는 영업의 결과이지만, 스토리텔링 서비스 기업에서 구매는 가치를 공유하는 과정이다. 구매는 일회성이지만, 관계는 지속적이다.

서비스를 사람의 관점에서 파악하면 고객 관점에서 발생하는 '마음 놓침' 현상들을 극복하는 것은 물론이고, 서비스 교육 역시 훨씬 유연하게 접근할 수 있다. 이를테면 병원의 서비스 비전이 '진료 과정 중 궁금함이 없는 병원'이라고 하자. 고객-직원 관점에서 생각한다면, 진료 과정 중에 궁금함이 없도록 만들기 위해서는 '설명 간호사 제도'를 두고, 설명을 잘하는 의사 캠페인 활동 등을 할 수도 있다. 그럴 경우 교육 대상이 오로지 직원에게 한정된다.

그런데 입원 환자나 보호자들을 대상으로 의료진과 커뮤니케이션을 잘할 수 있도록 교육하는 게 더욱 효과적일 수 있다. 예를 들어 의료진에게 "매일 밤 감자튀김을 먹는 것이 건강에 안 좋나요?"라고 묻는다면, "매우 안 좋습니다"라는 답변밖에 듣지 못한다. 하지만 "매일 밤 감자튀김을 먹는 것이 간에 어떤 영향을 미치나요?"라고 묻는다면 좀 더 구체적인 답변이 돌아올 것이고, 왜 밤마다 감자튀김을 먹으면 안 되는지 체감할 수 있다.

앨렌 랭어 교수는 심리학 세미나에서 "비강 스프레이로 임신을 막을 수 있을까요?"라고 질문하곤 한다.[54] 대부분의 학생들은 부정적으로 대답한다. 그런데 "비강 스프레이를 어떻게 사용하면 임신을 막을 수 있을까요?"라고 질문하면 창의적인 답변들이 쏟아진다고 한다. 의료진에 대한 기본적인 이해를 돕고 질문 방법을 알려준다면, 환자들 스스로가 치료 중 발생하는 궁금증을 해소할 수 있다. 반복되는 질문 유형에 대해서는 의료진이 스스로 깨달아서 먼저 설명할 수도 있다.

54 《마음의 시계》, 앨렌 랭어 지음, 사이언스북스, P.232

고객의 칭찬과 불만을 다루는 방식

스토리텔링 서비스 기업의 특징은 고객의 칭찬을 널리 알린다는 것이다. 스타벅스는 인트라넷을 통해 고객의 칭찬을 실시간으로 보여준다. 청년장사꾼과 러쉬의 직원들은 칭찬뿐만 아니라 선물을 받기도 한다. 러쉬의 비공개 페이스북에는 고객에게서 받은 선물 자랑이 자주 등장한다.

반면 고객들의 불만은 차분하게 검토를 한다. 책임을 직원에게 돌리지 않고, 어떤 상황이었는지를 먼저 파악한 뒤 합리적인 해결책을 찾기 위해 노력한다. 이때 고객들의 요구를 무조건 수용하는 것이 아니라, 회사의 가치를 해치지 않는 범위 내에서 해결책을 찾는다.

스타벅스 코리아에 접수되는 대표적인 불편 사항 하나가 '진동벨'이다. 미국과 달리 한국 사람들은 공공장소에서 이름이 노출되는 것을 꺼린다. 따라서 이름이나 닉네임보다는 번호를 부르는 경우가 많다. 이렇게 번호로 고객을 호출할 바에는 진동벨을 도입하라는 의견이 있었다. 또, 사람들이 많이 모였을 때는 고객을 부르는 소리가 잘 들리지 않고, 목소리 작은 파트너가 반복해서 고객을 찾을 때는 보는 사람도 불편하다는 의견이 많았다. 하지만 시애틀의 스타벅스 본사에서는 절대 진동벨 도입을 허락하지 않는다. 인간적인 유대를 지향하는 스타벅스 경험과 정면으로 배치되기 때문이다.

스타벅스 코리아는 '사이렌 오더' 서비스를 개발하여 이 딜레마를 해결했다. 고객이 스타벅스 어플을 통해 앉은 자리, 혹은 매장 밖에서 주문을 전송한다. 음료가 완성되면 어플에 메시지가 뜨며, 이와 동시에 바리스타가 어플에 등록된 고객 이름을 부른다. 일부 언론에서는 이것이 거래비용 절감을 위한 노력이라고 평가하기도 한다. 하지만 사이렌 오더 서비스는 철저히 고객의 편의성을 추구하면서, 스타벅스 경험의 핵심인 인간적 유대감을 잃지 않기 위해 기획되었다.

청년장사꾼이 한 지역에 여러 가지 색깔의 매장을 내는 것도 고객들의 불만을 회사 운영에 적극적으로 반영한 결과라 할 수 있다. 고객들이 적극적인 접객 스타일을 부담스러워할 때, 그들은 직원을 탓하는 대신 조용한 분위기에서 이야기 나누다 갈 수 있는 매장을 열었다. 고객들의 불만을 수요 확대로 전환시킨 것이다.

가치 전달을 위한 사회 공헌 활동에 자발적으로 참여한다

대부분의 스토리텔링 서비스 기업들은 가치 실현을 위한 사회 공헌 활동을 꾸준히 추진한다. 이때 직원들은 자발적으로 참여하는데, 참여 자격을 따내기 위해 치열한 경쟁을 거치는 경우가 제법 많다. 이러한 사회 공헌 활동은 참여한 직원들이 회사의 가치를 내재화하는 데 도움이 된다.

물론 직원들의 자발적인 참여를 문화로 정착시키기 위해서는 현장 간부들의 노력이 필요하다. 고객 접점에서 누군가 자리를 비우면 당장 응대에 영향을 미칠 수가 있다. 한 명이 빠진 자리를 누군가가 메워야 한다. 현장 책임자들이 접점 직원들의 사회 공헌 활동 참여에 소극적이라면 직원들은 눈치를 볼 수밖에 없다. 자발적인 참여를 위해서는 현장 책임자들이 직원에게 적극적으로 권유하는 문화가 정착되어야 한다.

가치를 담은 제품과 서비스를 제공한다

환경보호를 주요 가치로 삼는 기업이 제품을 만들기 위해 무분별한 벌목을 일삼는다고 생각해보자. 그 기업의 진정성을 믿는 사람은 아무도 없을 것이다. '가치를 지향한다'라는 말의 힘은 단어에서 오는 게 아니라 행동에서 온다. 가치를 담은 제품과 서비스, 가치를 기준으로 한 의사 결정이 이루어져야 한다.

러쉬의 설립자 마크 콘스탄틴은 "기업을 운영하려면 이익을 내는 것도 중요하지만, 그 이익이 줄어들더라도 불필요하다고 여기는 것은 덜어내야 합니다"[55]라고 주장한다. 이러한 설립자의 '말'은 포장하지 않은 러쉬 제품을 통해 실체화된다. 러쉬 직원들은 말로써 믿음을 얻지 않는다. 제품과 서비스를 통해서 구현된 가치를 통해 믿음을 얻게 된다.

스타벅스의 커뮤니티 스토어와 공정 무역 원두, 청년장사꾼의 교육 사업과 지역 사업, 이 모두가 직원과 고객에게 회사가 지향하는 가치의 진정성을 자연스럽게 믿도록 만든다. 특히 직원들에게 회사의 진정성을 믿게 만들면, 직원은 확신을 가지고 고객들에게 브랜드 가치를 전달할 수 있다.

디테일한 매뉴얼이 없고, 서비스가 유연하다

모든 회사가 서비스 매뉴얼이 없거나, 있더라도 비중이 극히 미미하다. 서비스를 업무 관점에서 파악하고, 친절을 기반으로 한 고객 만족을 목표로 한다면 매뉴얼을 둘 수 있다. 누가 오더라도 업무는 반

---

55 〈매거진 B_러쉬〉, JOH, P.96

복되는 것이고, '친절'에 대해서는 모두가 공유하는 표준이 존재할 수 있기 때문이다.

하지만 사람과의 관계를 만드는 것이 목적이라면, 매뉴얼만으로는 한계가 있다. 고객이 아니라, 개별적인 사람들로 대한다면 매뉴얼을 제작할 수 없다. 사람마다 가치를 전달하는 과정은 각각 다르기 때문이다. 매뉴얼을 없앰으로써 오히려 유연한 서비스가 가능해지기도 한다.

지역사회와의 연계에 적극적이다

스토리텔링 서비스 기업들이 지역사회에 적극적으로 파고드는 이유는 실현하고자 하는 가치를 갖고 있기 때문이다. 이들 기업에서는 직원 하나하나가 가치를 전파하는 홍보대사이다. 평소 직원들이 하는 일이 결과적으로는 브랜드 가치와 고객을 이어주며, 이 관계는 다시 지역으로 퍼져나간다. 가치가 관계를 맺게 하고 관계가 가치를 퍼뜨리는 선순환 구조다.

대표적인 예로, 청년장사꾼은 쇠락해가는 지역에 들어가 장사를 하고 계단장을 열었다. 이로써 지역사회에 활기를 불어넣었는데, 그들이 그렇게 지역사회로 파고드는 이유는 '모두가 잘 먹고 잘살자'라는 가치 때문이다. 그 가치를 공유하고 퍼뜨릴 수 있는 관계망이 바로 지역사회다. 룰루레몬이 운영하는 커뮤니티클래스도 그렇다. 나에게서 시작한 변화를 퍼뜨려 '평범한 세상을 의미 있고 가치 있게' 만들고자 한다. 스타벅스는 커피를 매개로 관계를 맺어나가려 커피 세미나를 연다. 모두가 가치를 추구하고, 사업 기반인 지역에서 관계를 맺음으로써 그 가치를 확산시킨다.

지역이란 곧 사람이다. 그렇기에 정기 행사를 열어 사람들을 끌어들이고 사람들 속으로 들어가 봉사 활동을 하며 지속적으로 관계를 맺는다. 가치에서 시작해 관계를 맺고, 이 관계를 통해 가치는 다시 재생산되고 확산된다. 또한 지역사회라는 관계 속에서 직원들은 단순히 회사의 부속이 아니라 기업을 이끌어가는 일원이라는 자부심을 갖게 된다.

에필로그

고객의 마음속에 숨겨져 있는 가치를 찾아라

홀푸드 마켓의 CEO인 존 매키는 '기업이 고객의 요구에 대응하는 것만이 아니라 때로는 고객을 일깨울 필요도 있다'라고 말했다.[56] 가치와 필요를 일깨워줄 수 있는 제품과 서비스가 존재하지 않으면, 고객은 자신이 어떠한 가치를 원하는지 정확히 모를 수도 있다.

제3세계 어린이를 돕고 싶은 마음, 평범한 일상에 변화를 가져오고 싶은 마음처럼 인간의 정신을 고양하는 상위 가치는 모든 사람들에게 내재되어 있지만 드러나지 않을 때가 많다. 일상에서 이런 가치를 실현하는 데 동의는 하지만, 표현하고 실천하지 못하는 것이다. 이런 가치들을 우리 회사가, 우리 브랜드가 대신 실현해주는 것은 어떨까? 특별한 기업들만 이런 가치를 품고 있는 것은 아니다. 대부분의 기업들은 세상을 이롭게 하거나, 사람을 행복하게 만들기 위한 과제를 가지고 있다.

스토리텔링 서비스 기업들은 '고객 만족'이라는 강박에서 벗어나

56 《돈 착하게 벌 수 없는가》, 존 매키 & 라젠드라 시소디어 지음, 흐름출판, p.136

도 기업이 성장할 수 있다는 걸 보여준다. 브랜드와 고객의 관계가 고객 만족이나 구매를 목적으로 형성된다면 수직적이 될 수밖에 없다. 하지만 브랜드와 고객이 세상을 이롭게 하는 상위 가치로 함께 연결된다면, 가치 실현을 위한 동반자적인 관계, 수평적인 관계를 맺을 수 있다. 이때 서비스는 고객에게 내재된 선한 가치와 브랜드가 품고 있는 선한 가치를 연결하는 도구가 될 수 있다.

▼▼▼

지금까지 고객 경험은 제품과 공간, 서비스가 제각각인 경우가 많았다. 제품은 최고의 품질을 추구하는 데, 공간은 창고에 가깝고, 접객 서비스는 친절하면 그만이라는 식이었다. 서비스에 대한 고민은 제품과 분리해서, 공간과 분리해서 생각할 수 없다. 제품이나 공간, 브랜드 가치와 상관없이 그저 친절하고, 고객을 왕으로 모시는 서비스는 싫어하는 사람을 줄일 수 있어도, 좋아하는 사람을 늘리는 데는 한계가 있다. 서비스의 패러다임이 변한 지금 서비스에서 중요한 것은 안티를 없애는 것이 아니라, 팬을 만들 수 있는가이다.

영국 여론조사 업체인 유고브의 브랜드인덱스 연구 결과에 따르면, 최고의 브랜드도 모두에게 사랑받는 것은 아니다. 맥도날드를 사랑하는 사람들은 33퍼센트이지만 싫어하는 사람들도 20퍼센트나 된다. 스타벅스도 사랑하는 사람들이 30퍼센트, 싫어하는 사람들이 23퍼센트로 맥도날드와 비슷하다.[57] 사람은 누구에게나 잘하는 사람보다는 나에게만 잘해주는 사람에 매력을 느낀다. 그리고 나에게 잘하

57 《필립 코틀러의 마켓 4.0》, 필립 코틀러 외 2인 지음, 더퀘스트, p.62

는 사람보다 더 매력적인 사람은 가치관이 비슷한 사람이다. 이제 서비스도 모두에게 잘하려는 고정관념에서 벗어나야 한다. 서비스로 우리 기업의 가치를 드러낼 때 고객은 매력을 느끼고 찾아올 것이다.

이를 위해서는 고객에 대한 고민만큼이나, 직원에 대한 고민이 우선되어야 한다. 직원이 먼저 가치에 공감해야 하고, 고객을 왕이 아니라 가치 실현을 위한 동반자로 생각해야 한다. 고객을 만족시키기 위해 노력하는 것이 아니라 관계를 맺기 위해 노력해야 한다. 제품에 담긴 가치, 공간에 깃든 가치는 서비스를 통해 연결이 되고, 서비스에 담긴 가치는 고객 마음속에 담긴 가치와 연결되어야 한다. 결과적으로 서비스는 가치를 연결해야 한다.

가치를 사는 소비자 공감을 파는 마케터

남다른 가치를 찾아내는
마케팅 두뇌 만들기 프로젝트

김지헌 지음 | 304쪽 | 15,000원

2016년 세종도서 교양부문 선정

온라인 소비자,
무엇을 사고 무엇을 사지 않는가

행동경제학으로 읽는 온라인 비즈니스 성공 전략

슐로모 베나치, 조나 레러 지음 | 이상원 옮김
288쪽 | 15,000원

심리학으로 팔아라

영업의 고수는 어떻게 심리학을 활용하는가

드루 에릭 휘트먼 지음 | 문희경 옮김
곽준식 감수 | 248쪽 | 14,000원

브랜드, 행동경제학을 만나다

소비자의 지갑을 여는 브랜드의 비밀

곽준식 지음 | 336쪽 | 15,000원

최고의 서비스 기업은
어떻게 가치를 전달하는가

초판 1쇄 발행 2017년 4월 10일
초판 2쇄 발행 2017년 6월 15일

지은이 • 정도성

펴낸이 • 박선경
기획/편집 • 김시형, 이지혜, 인성언
마케팅 • 박언경
교열/교정 • 윤수정
표지 디자인 • twoes design
본문 디자인 • 디자인원
제작 • 디자인원(031-941-0991)

펴낸곳 • 도서출판 갈매나무
출판등록 • 2006년 7월 27일 제395-2006-000092호
주소 • 경기도 고양시 덕양구 은빛로 43 은하수빌딩 601호
전화 • 031)967-5596
팩스 • 031)967-5597
블로그 • blog.naver.com/kevinmanse
이메일 • kevinmanse@naver.com
페이스북 • www.facebook.com/galmaenamu

ISBN 978-89-93635-81-2/03320
값 15,000원

• 잘못된 책은 구입하신 서점에서 바꾸어드립니다.
• 본서의 반품 기한은 2022년 4월 30일까지입니다.

이 도서의 국립중앙도서관 출판예정도서목록(CIP)은 서지정보유통지원시스템 홈페이지(http://seoji.nl.go.kr)와 국가자료공동목록시스템(http://www.nl.go.kr/kolisnet)에서 이용하실 수 있습니다.(CIP제어번호: CIP2017006833)